大学生安全法制教育

主　编　马纪岗
副主编　刘振豫　王文方
编　委　蔡晶晶　秦　文
　　　　王　娅　张彩虹

北京理工大学出版社
BEIJING INSTITUTE OF TECHNOLOGY PRESS

内容简介

本书是针对目前大学生的安全教育形势及法律知识缺乏情况，从大学生安全法律理论、安全法律观念、安全法律心理等方面出发，强化大学生安全法律意识。帮助大学生掌握科学的安全技能，灵活应对各种安全法制问题，提高大学生安全意识和危险防范能力。

版权专有　侵权必究

图书在版编目（CIP）数据

大学生安全法制教育／马纪岗主编. —北京：北京理工大学出版社，2019.2（2023.1重印）
　ISBN 978-7-5682-6631-4

Ⅰ.①大… Ⅱ.①马… Ⅲ.①大学生－安全教育－高等学校－教材 ②社会主义法制－法制教育－高等学校－教材　Ⅳ.①G645.5 ②G641.5

中国版本图书馆 CIP 数据核字（2019）第 008868 号

出版发行 / 北京理工大学出版社有限责任公司
社　　址 / 北京市海淀区中关村南大街 5 号
邮　　编 / 100081
电　　话 /（010）68914775（总编室）
　　　　　 82562903（教材售后服务热线）
　　　　　 68948351（其他图书服务热线）
网　　址 / http：//www.bitpress.com.cn
经　　销 / 全国各地新华书店
印　　刷 / 三河市天利华印刷装订有限公司
开　　本 / 787 毫米×1092 毫米　1/16
印　　张 / 11.5　　　　　　　　　　　　　　　　责任编辑 / 陆世立
字　　数 / 270 千字　　　　　　　　　　　　　　文案编辑 / 赵　轩
版　　次 / 2019 年 2 月第 1 版　2023 年 1 月第 5 次印刷　责任校对 / 周瑞红
定　　价 / 39.80 元　　　　　　　　　　　　　　责任印制 / 李志强

图书出现印装质量问题，请拨打售后服务热线，本社负责调换

序 Preface

德是育人的灵魂，是一个国家道德文明发展的显现。坚持"育人为本，德育为先"的育人理念，把"立德树人"作为教育的根本任务，为郑州工商学院校本教材的建设指明了方向。

立德树人，德育为先。教材编写应着眼于促进学生全面发展。创新德育形式，丰富德育内容，将习近平总书记新时代中国特色社会主义思想渗透至教材各章节中，引导广大学生努力成为有理想、有本领、有担当的人才，使他们真正做到习近平总书记在十九大报告中要求的"坚定理想信念，志存高远，脚踏实地，勇于做时代的弄潮儿"。

立德为先，树人为本。教材编写应着力于培养学生的社会责任感、创新精神和使命意识，通过改革教育内容和教学方法，突出学生主体地位，注重学生的个性发展，切实把大学生培养成"站起来能讲、坐下去能写、走出去能干"的"三能"人才，引导广大学生注重时代责任，注重树立为实现中华民族伟大复兴而奋斗的远大理想，注重纪律观念和法律意识培养，真正用自己的实际行动贯彻落实党的"依法治国"和构建和谐社会的思想战略。

郑州工商学院校本教材注重引导学生积极参与教学活动过程，突破教材建设过程中过分强调知识系统性的思路，把握好教材内容的知识点、能力点和学生就业后的岗位特点。编写以必需和够用为度，适应学生的知识基础和认知规律，深入浅出，理论联系实际，注重现实案例的借鉴和分析，注重引导广大学生通过实际鲜活的事例深入思考，培养学生独立分析、解决问题的能力，提高学生的实际技能，突出技能培养目标。

前言
Preface

《国家中长期教育改革和发展规划纲要（2010—2020年）》指出，要着力培养信念执着、品德优良、知识丰富、本领过硬的高素质专门人才和创新人才。郑州工商学院紧紧围绕并坚持"育人为本，德育为先"的办学理念，全面推行大学生素质教育"五项工程"、新生入学教育、大学生安全法制教育等系列活动，促进学生的全面成长。

大学生安全法制教育是高校德育教育的重要组成部分，对提升在校大学生的法制意识和观念起到重要作用，是维护学校稳定、贯彻依法治国、依法治校的有力支撑，为此，学校将安全法制教育纳入本校的人才培养方案，并由具备丰富学生管理工作经验的老师统筹编写本书，旨在为大学生提供一份系统化、立体化的"安全与法制"知识体系。通过阅读与学习，使大学生明白大学的使命、大学的学习、大学的生活、大学的管理等问题，掌握大学学习、生活的一般规律，解决大学生发展方向和人生目标上的迷茫与困惑，引导学生思考"如何面对和解决大学生活中遇到的种种困惑和问题"。满足学生全面发展的需求。

本书通过案例的分析及讲解，塑造学生自我教育、自我管理、自我成长、自我服务的能力，使学生学会做人、学会做事、学会学习、学会生存，为学生解决现实问题和终身发展助力。

本书由马纪岗担任主编，确定编写大纲和撰写思路，并由他带领一批具有高校学生管理经验的一线教师编写。其中安全教育篇的第一章、第四章由蔡晶晶编写；第二章由王文方编写；第三章、第七章由秦文编写；第五章、第六章、第八章由王娅编写；第九章及法制教育篇的第一章由刘振豫编写；法制教育篇第二章、第三章、第四章由张彩虹编写；绪论及整书总体架构撰写由马纪岗负责统筹。

本书在编写过程中吸取了前辈及专家学者的研究成果，从中受益良多，在此谨向有关编著者表示真诚的感谢。书稿虽经过反复修改，由于作者水平有限，难免出现疏漏和错误之处，请各位专家和读者提出宝贵意见，在此一并感谢。

编　者

2018年11月

目 录
Contents

绪　论　安全概述与法制概述 ··· (1)
 第一节　安全环境与安全意识 ··· (2)
 第二节　法制环境与法制意识 ··· (3)
 第三节　加强大学生安全法制教育的意义 ································· (5)
 第四节　大学生安全法制意识的培养 ······································ (8)

安全教育篇

第一章　打架斗殴逞义气　害人害己后悔迟 ································· (13)
 第一节　大学生打架斗殴的后果及成本 ··································· (14)
 第二节　大学生打架斗殴的诱因 ·· (16)
 第三节　大学生打架斗殴的预防措施 ······································ (17)

第二章　时时处处莫大意　交通安全记心间 ································· (20)
 第一节　大学生交通事故的主要类型 ······································ (21)
 第二节　发生交通事故的原因教训 ·· (22)
 第三节　重视做好交通安全事故的预防 ··································· (25)
 第四节　妥善做好交通事故的处置 ·· (30)

第三章　宿舍失火酿惨剧　防范措施要牢记 ································· (33)
 第一节　大学生宿舍失火的原因 ·· (35)
 第二节　发生宿舍失火事件的处置方法 ··································· (36)
 第三节　大学生宿舍失火的预防 ·· (38)

第四章　入室盗窃坏品行　得不偿失要警醒 ································· (40)
 第一节　大学生偷盗的主要类型 ·· (41)
 第二节　发生偷盗事件的处置 ··· (43)
 第三节　大学生偷盗事件的预防和防范 ··································· (43)

第五章　夜不归宿犯校规　安全隐患莫轻视 ································· (47)
 第一节　夜不归宿的原因 ·· (47)

第二节　夜不归宿的处置 …………………………………… (48)
　　第三节　夜不归宿的防范 …………………………………… (49)
第六章　痴迷网络惨被骗　虚拟空间擦亮眼 …………………… (50)
　　第一节　大学生遭遇网络诈骗的常见类型 ………………… (51)
　　第二节　网络诈骗的主要手段 ……………………………… (52)
　　第三节　网络诈骗的处置措施 ……………………………… (53)
　　第四节　网络诈骗的预防和防范 …………………………… (54)
第七章　渴望成功入传销　丧失自由丢钱财 …………………… (57)
　　第一节　大学生陷入传销的原因及暴露的问题 …………… (59)
　　第二节　大学生陷入传销如何处置 ………………………… (60)
　　第三节　传销的预防和防范措施 …………………………… (61)
第八章　抑郁失恋闹轻生　心理问题要辨明 …………………… (64)
　　第一节　大学生常见的心理问题 …………………………… (65)
　　第二节　常见心理问题的疏导 ……………………………… (69)
　　第三节　积极做好预防 ……………………………………… (70)
第九章　盲目攀比乱借贷　身不由己加倍偿 …………………… (72)
　　第一节　校园贷的类型及危害 ……………………………… (74)
　　第二节　校园贷事件的处置方法 …………………………… (76)
　　第三节　非法校园贷的预防 ………………………………… (78)

法制教育篇

第一章　考试作弊违校纪　丧失学位丢学籍 …………………… (85)
　　第一节　考试作弊的原因及暴露的问题 …………………… (86)
　　第二节　考试作弊的危害 …………………………………… (89)
　　第三节　考试作弊的预防措施 ……………………………… (90)
第二章　轻信网络假消息　散布谣言被拘留 …………………… (93)
　　第一节　网络散布谣言的原因 ……………………………… (94)
　　第二节　网络谣言的处置方法 ……………………………… (96)
　　第三节　网络谣言的预防措施 ……………………………… (98)
第三章　缺失信念遭洗脑　传播邪教被批捕 …………………… (100)
　　第一节　邪教传播途径及危害 ……………………………… (101)
　　第二节　传播邪教的处置方法 ……………………………… (102)
　　第三节　预防邪教的措施 …………………………………… (106)
第四章　目无法纪自逞强　涉"黄赌毒"被处罚 ………………… (109)
　　第一节　酗酒滋事、涉"黄赌毒"的危害 …………………… (110)

第二节　处置措施 …………………………………………………（113）
　　第三节　防范措施 …………………………………………………（115）
附录一　普通高等学校学生管理规定 ……………………………………（120）
附录二　高等学校校园秩序管理若干规定 ………………………………（130）
附录三　高等学校学生行为准则 …………………………………………（133）
附录四　学生伤害事故处理办法 …………………………………………（134）
附录五　教育部关于修改《国家教育考试违规处理办法》的决定 ……（139）
附录六　中华人民共和国刑法修正案（九） ……………………………（148）
附录七　中华人民共和国治安管理处罚法 ………………………………（157）

绪 论
安全概述与法制概述

安全是社会发展的前提，是人类个体生存和发展的保障，是人们历来关注的重点，伴随人类历史发展的全过程。大学生作为我国人才储备群体，在国家综合实力中具有举足轻重的作用。大学生是社会主义现代化的重要建设者，也是广大青年中的佼佼者，是祖国未来的希望与寄托，也是民族进步和复兴的栋梁，因此其安全问题是各项安全工作的重中之重，它不仅直接关系到大学生自身能否安全、健康地成长，也关系着亿万个家庭的幸福和社会的稳定。大学生安全教育能够使大学生在复杂多变的外部环境中具有一定的自我保护意识，使他们学习了解到安全方面的知识，拥有基本自保能力。

法制能够保障人们的合理预期，保障人们生活稳定，社会和谐有序。法制是实现和维护尊严与公正的最佳途径，也是保障人人都有幸福安康生活的必要条件。大学生法制教育是全民法制宣传教育的重要组成部分，也是构建社会主义法治社会，建设民主法治国家的必要环节。抓好大学生安全法制教育对于加强高等院校的日常管理，维护学校的正常教学、科研及生活秩序，保障学生人身和财物安全，促进学生健康心理的形成，都具有十分重要的现实意义和战略意义。

【学习目标】

1. 了解安全环境与法制环境的主要内容。
2. 树立安全意识与法制意识。
3. 了解大学生安全法制教育的重要意义。
4. 掌握大学生安全法制意识的培养方法。

第一节　安全环境与安全意识

"安全第一"是做好一切工作的试金石，是落实"以人为本"的根本措施。坚持安全第一，就是对国家负责，对组织负责，对人的生命负责。

一、安全环境

"安全"是人和动物受到保护、没有危险、不受伤害、没有事故的一种状态。"环境"既包括以大气、水、土壤、植物、动物、微生物等为内容的物质因素，也包括以观念、制度、行为准则等为内容的非物质因素；既包括自然因素，也包括社会因素；既包括非生命体形式，也包括生命体形式。所以"安全环境"是人和动物在自然环境和社会环境中受到保护、没有危险、不受伤害、没有事故的一种状态。人类的生存与发展需要一种安全的环境做基础保障，大学生的成长更需要安全的环境。与大学生密切相关的安全环境可以分为社会环境和自然环境。

社会环境主要包括：社区环境、学校环境、家庭环境等。自然环境是社会环境的基础，而社会环境又是自然环境的发展。自然环境是环绕人们周围的各种自然因素的总和，自然环境也是外在的客观环境，主要是我们无法掌控和预料的环境部分，大学生处于当下的自然环境中应该具备一定的自我保护、自我判断、自我分析的能力。社会环境可以分为"硬环境"和"软环境"。"硬环境"主要是指社区、家庭、学校能力提供的外在的安全物质保障；"软环境"指的是国家、社区、学校能够给予的法律支持和保障以及家庭给予的安全感。狭义的社会环境仅指人类生活的直接环境，如家庭、劳动组织、学习条件和其他集体性社团等。社会环境对人的形成和发展起着重要作用，同时人类活动给予社会环境以深刻的影响，而人类本身在适应改造社会环境的过程中也在不断变化。

二、安全意识

"意识"是指人脑对大脑内外表象的觉察，为一种特殊而复杂的运动，可以反映（映射）真实世界以及非真实有意识自身的运动，可以正确映射真实和意识本身规律，也可不正确或歪曲反映。

"安全意识"是指对人身心免受不利因素影响而存在的条件与状态所持有的心理活动总和。它是人们对生产、生活中所有可能伤害自己或他人的客观事物保持警觉和戒备的心理状态。安全意识包括国家安全意识和个人安全意识，其中国家安全意识包括国民安全意识、领土安全意识、主权安全意识、政治安全意识、意识形态安全意识、军事安全意识、经济安全意识、文化安全意识、科技安全意识、生态安全意识、信息安全意识等等；而个人的安全意识包括个人的生命安全意识、财产安全意识、情感安全意识、心理安全意识、行为安全意识等。

大学生应具备的安全意识是指学生通过感觉、知觉、记忆、思维、想象等对现实安全准确、清醒的认识，对外在客观事物的安全状态进行正确的判断；对自己的行为有意识地进行决策和控制，使自己或他人免受伤害，成为知法、守法、护法、明辨是非并具有防范能力的公民。

第二节　法制环境与法制意识

随着我国依法治国基本方略的不断深入推行，公民普法、用法的意识也需要不断增强。作为高素质人才，同时也是建设社会主义事业的中坚力量，大学生树立正确的法律观念不仅关系到中国社会主义法制社会的建立，还与中华民族的前途命运息息相关。然而近年来，高校大学生犯罪率却悄然呈上升趋势，校园犯罪的新闻时常见诸报道，一些在校生由于缺乏法律常识，没有对我国法制形成敬畏之心，在如花的年龄犯下了令人发指的罪行，自己也付出了惨痛的代价。除此之外，各种各样的校园暴力行为也屡见不鲜。大学生犯罪现象不仅深深触动了社会的神经，同时也反映出了高校法制教育的紧迫性。当前时期，如何使大学生的法律意识和法制观念更上一个层次，使他们能够积极学法、知法、懂法、用法已成为当前思想政治教育工作者们和法制教育工作者们亟待解决的问题。

"法制"指一国法律法规和制度的总称，它是由立法、执法等一系列与法律相关的活动组成的。新时期新条件下，"法制"一词又具有了新的内涵，即现代意义上的"法制"是和现代民主相辅相成、密不可分的。法制的实现离不开民主的基础，民主的实现同样也离不开法制的保障。

一、法制环境

新中国成立之后，我国对于高校大学生法制教育较为重视。在社会主义市场经济时代，我国确立依法治国方略，高校法制教育得到了来自各方的重视，正在走向成熟和完善。1978年12月13日，邓小平同志明确指出了建设社会主义必须要遵循民主制度化，民主法制化的观点，这一观点明确了在我国推行法制的必要性和重要性，也体现了中央建立社会主义法治社会的决心。1986年，邓小平同志又一次在讲话当中指出："我们开始抓法制，没有法制不行。法制观念与人的文化素质有关。所以，加强法制重要的是进行教育，根本问题是教育人。"这一讲话强调了开展法制教育的重要性。正是由于国家领导人的重视，使得我国高校法制教育迎来了新的春天。1984年教育部制定了《共产主义思想品德教学大纲》的试用本，这本书被后来学者誉为我国高校法律课程的前身。1986年我国高校又开设了"法律基础"课程，向非法律专业的大学生普及法律知识，使高校法制教育正式走进了大学生们的课堂之内。

教育法律体系作为社会主义法律体系的一个重要组成部分，它是我国现行教育法律规范所构成的完整的、内部协调一致的、有机联系的教育法律的整体系统。从教育法律体系的纵向构成上看，由于教育法律的立法权限和立法程序的不同，教育法律的适用范围和效力也不同。按其不同的适用范围和效力等级，可将我国的教育法律分为以下几个层级：

一是《宪法》中有关教育的条款。《宪法》是国家的根本大法，在我国法律体系中占据首要地位，具有最高的法律效力，是我国全部立法工作的基础和根据，一切规范性文件皆不能与《宪法》相抵触。只有全国人民代表大会有《宪法》的制定和修改权。《宪法》规定了我国教育的社会性质、目的任务、结构系统、办学体制、管理体制，规定了公民有受教育的权利和义务，规定了对少数民族、妇女和有残疾的公民在教育方面予以帮助，规定了对未成年人的保护，规定了学校的教学用语，规定了宗教与教育的关系，这些都是各种形式和层级的教育立法的主要依据和最高依据。任何形式的教育法都不得与《宪法》相抵触，否则便是违宪。

二是《教育法》。它是与国家宪法相配套，对整个教育全局起宏观调控作用的教育基本法。《教育法》是依据《宪法》制定的调整教育内部、外部相互关系的基本法律准则，有人将其称为"教育的宪法"或教育法规的"母法"。1995年3月18日由第八届全国人大三次会议审议通过的《教育法》，是我国教育事业改革和发展的根本大法，它规定了我国教育的基本方针、基本任务、基本制度以及教育活动中各主体的权利、义务等，也是制定其他教育法规的基本依据。

三是教育单行法。教育单行法是根据《宪法》和《教育法》确立的原则制定的，用于调整某类教育或教育的某一具体部分的教育法规。我国先后已经制定并公布实施的教育单行法有六部：简称为《学位条例》《义务教育法》《教师法》《职业教育法》《高等教育法》和《民办教育促进法》。

四是教育行政法规。它是与教育法律和其他法律相配套的，由国家最高行政机关（即国务院）制定、发布的教育行政法规。我国《宪法》规定，国务院作为国家最高行政机关有权"制定行政措施，制定行政法规，发布决定和命令"。我们通常所说的教育行政法规专指国务院根据《宪法》和《教育法》制定的有关教育方面的规范性文件。

五是地方性的教育法规。它是省、自治区、直辖市的人大或其常委会和有地方立法权的人民代表大会及其常委会为贯彻国家的教育法律和教育行政法规根据本行政区域的实际需要而制定的规范性文件。

六是教育规章。它包括部门教育规章和地方政府教育规章。部门教育规章是指国务院所属各部、委根据法律和行政法规，在本部门权限内单独或与其他部、委联合发布的有关工作命令、指示、实施细则等规范性文件。其效力虽低于国务院制定的行政法规，但在全国有效。部门教育规章通常由教育部部长以教育部令的形式签发，或由教育部会同国务院其他部委以联合令等形式发布。地方政府教育规章是指省、自治区、直辖市人民政府根据有关法律法规，在自身权限内发布的调整教育行为的规范性文件，称为政府教育规章。

二、法制意识

大学生法制意识指的是大学生认识法律基本内容并且运用法律的能力，它是当代社会进行依法治国方略新形势下的公民法治建设的关键。青少年大学生在法律方面需要具有的基本品质就是一定的法律意识素养。大学生的法制意识能够指导安全行为，法制意识的强弱很大程度上直接关系着我国法治社会发展的前景。

法律知识、法制意识、法律运用三者的关系是辩证而统一的。

法律知识是法律能力和法制意识的基础。没有充足的法律知识，就无法具备良好的法律运用能力，更无法树立正确的法制意识。

法制意识建立在人类的理性基础之上，通过内心对于法律所反映的价值观点的评判，内在形成对于法律规范的认同，从而自愿遵从法律的权威，并且遵从由此形成的社会秩序。大学生欲树立正确的法制意识，要在内心当中对我国法律产生真正的认同感与归属感，在相信法律权威性的基础上，也敬畏法律的强制性，最终对法律形成真正的信仰。这样才能自觉地依法办事，自愿地接受法律的束缚。在此基础上，大学生方可正确地处理自身权利与他人权利、自身利益与公共利益、个人权利和法律义务等等的关系，从而为维护社会正常秩序做出贡献。

法律运用是法律知识的实践世俗化产物，也是法律知识的精髓所在，实践是检验真理的唯一标准，大学生只有扎实掌握法律基础知识，并在法律实践过程中积极运用，才能培养自己的法律能力从而逐渐树立正确的法制意识，成为积极建设社会主义法制社会的一分子。

大学生需要具备遵守法律法规的意识，要具备自我保护和安全意识。安全是自己的，也是大家的，往往因为自己失误，会伤害自己，伤害他人，甚至给国家造成不可估量的损失，危及社会的稳定。要树立良好的群体意识，相互帮助，相互保护，相互协作，密切配合，这是保障安全的重要条件。

第三节 加强大学生安全法制教育的意义

新时期大学生安全已成为一个社会关注的热点问题，它涉及政府、学校、家庭、学生个人等多方面的因素，只有采取标本兼治、综合治理、走法律化、制度化、模式化之路，才能有效保障大学生的健康成长。另一方面随着高校改革的深入，大学生的生活空间不断拓宽，交流领域也不断扩展。学生除了依据课表进行专业课的学习之外，还会参加部门活动或者外出实践。基于这个前提，学生如果在安全知识、法制知识以及防范知识方面表现较弱，很有可能引发安全事故。高校需要针对学生展开安全法制教育，帮助学生掌握一定程度的安全法制知识，在突发事件中能够迅速制定正确的决策。

一、推进依法治国、构建和谐社会的时代要求

高校的安全与稳定是社会稳定的重要基础。随着我国经济的快速发展和综合国力的

不断加强，一些敌对势力把中国的崛起与强盛，视为他们推行霸权主义的巨大威胁，总要寻找各种机会，同国内极少数分裂主义分子、违法犯罪分子相互勾结，挑起事端，破坏我国所取得的巨大成绩和丰硕成果。而当代大学生作为国家的未来与希望，由于涉世不深，既缺乏对中国历史的了解，又缺少对改革开放成果的深刻体验，因此，往往成为敌对势力觊觎并伺机利用的目标，他们企图从年轻人身上打开突破口进而达到分化我国的政治图谋。为此，在不断加强对大学生的安全与法制教育中，除了要保证学生的人身与财产安全外，引导并帮助青年学生从思想上牢固构筑起抵御和防范境内外敌对势力侵蚀的思想防线，坚定大学生建设中国特色社会主义的信念，更是我们肩负的政治责任和光荣使命。

公民的法律意识水平是衡量一个国家的重要尺度。强调法制社会，这就要求提高公民的法律意识，把法律作为一种人们生活的需要和信仰。安全法制教育的价值就在于使受教育者养成良好的守法品质和行为模式，树立正确的法制观念。大学生作为社会主义市场经济建设的主力军与承担者。尤其是毕业后签订劳动合同积极投入市场经济建设，这本身就是提高个人职业道德与法律意识的开端，大学生安全法制教育的重要性及使命感不言而喻。所以，必须结合社会的需求培养人才，高校需要从多方培养学生，确保学生可以全方位的发展，提升学生的整体素质，更好地融入社会进而建设社会。

二、高校教育改革与发展的需要

我国高等教育各项改革取得了突破性进展，中国高等教育已进入了国际公认的大众化阶段，这对中国人才培养的意义是极其深远的。但在高教改革中一些不安全因素也在增多，给大学生生命、财产造成严重损失，直接或间接阻碍着高教改革。为此，高校必须认真吸取这些惨痛的教训，采取更加有力的措施加强大学生安全法制教育工作。我国现行的教育法律有《高等教育法》《高等学校校园秩序管理若干规定》以及《高等学校学生行为准则》等，这些法律都规定了高校具备安全法制教育的职责，要求向学生讲授安全法制教育的相关知识，进行防范技能方面的培训，从中可以发现政府对于大学生人身安全的重视程度。《普通高等学校学生安全教育及管理暂行规定》内明确规定高校需要将安全教育工作作为日常工作的一项内容，不可只在事故发生时进行安全教育工作，需要列为教师的日常工作内容，高校的领导人员也需要加强安全校园的建设力度，针对安全教育进行明确的职责分工，设立专门的小组从事该工作。政府出台的法律法规使得大学生的人身安全得到了保障，高校依据法律规定，需要将安全法制教育工作作为自身的职责所在，严格遵循法律规定，提高大学生群体在突发事件中的应变能力。要以对人民高度负责的精神，采取多种形式提高大学生安全法制意识，切实改善大学安全状况，保证高教改革与发展顺利进行。

三、改进高校德育工作、全面推行素质教育的需要

素质教育要求教育要适应学生身心多方面综合发展的客观需要，既要注重学生智力和体力，又要培养和树立学生的爱国主义、集体主义思想、科学的世界观、正确的人生观、

高尚的道德品质、文明的行为习惯以及非智力因素的实践能力。现阶段，大学生的主流是积极向上的，但是大学生安全事故、权益被侵害甚至违法犯罪事件时有发生，他们迫切需要正确的指导和教育。因为受国际国内不良因素影响，新时期大学生学习态度、生活方式、就业观念、信息渠道等都发生着巨大变化，相应会出现各种安全隐患。这无疑给大学生思想政治工作提出更高的要求，并直接影响到素质教育的全面推行。因此，高校新形势下要切实加强和改进思想政治工作，立足加强大学生安全法制意识，针对新时期大学生特点要不断总结和交流，增强工作的针对性、感染力和实效性。

安全法制教育是素质教育的组成部分，大学生具有较高的安全法制意识则成为保证高校德育工作、全面推行素质教育的重要基础。高校针对大学生学习环境的安全状态要有充分的认识，要进行有针对性的安全法制教育，促使大学生提高安全法制意识。实践证明，良好安全法制意识有助于大学生能力的全面提高，大学生综合能力的加强也有助于提高大学生的安全法制意识，二者互相促进，相辅相成。因此，高等院校作为培养高素质人才的重要基地，必须从安全的战略角度出发，从安全思想上认识到加强大学生素质教育的重要性和紧迫性。

四、维护校园稳定、优化校园环境的必然要求

随着改革开放政策全面落实，高校也从封闭状态一步步开放，从传统封闭式环境转换为开放的小型社会，学校内部除了生活区以及教学楼之外，还有诸如超市、家属区、宾馆以及银行等生活场所。在这种环境下，很多外来人员进入学校，有一部分人文化素养低，法律意识单薄，并且具有较强的流动性，很难统一加以管理，通过调查可以知道由外来人员造成的安全事件在高校的所有安全事件中占据了较大的比重，现如今大学生和社会之间的联系越来越紧密，还有部分大学生进入社会寻找兼职，由于安全知识匮乏，防范意识比较弱，这一群体很容易遭受非法人员的欺骗，学生因为兼职家教遇害或者被骗进入传销组织的案例有很多，更有部分大学生在无意识的状况下从事贩毒活动。

互联网技术发展迅速，网络不良信息泛滥，在网络中学生的个人信息也就更容易被外泄。学生面临复杂的网络环境，需要明辨是非，对于网络充斥的各种信息加以区别，拒绝不良信息。这也从一定程度说明了高校展开安全法制教育工作的现实意义，能够将潜在危险扼杀于摇篮之中。

学校周围的环境也很复杂，KTV、网吧、酒吧等娱乐场所都对校园安全存在威胁。有时也会出现不良人士进入校园内进行偷窃或者诈骗等违法活动，甚至会对教师以及学生的人身安全造成威胁，进而影响学校的声誉。出现类似案件，不仅会对学生以及学生的家庭带来消极影响，还会给学校的正常运行以及制度的正常实施带来不必要的麻烦，更有可能对社会和谐造成影响。因校园周边环境复杂，应加强学校治安管理，学生的安全法制意识以及防范能力需进一步提升，进行大学生安全法制教育迫在眉睫，从而维护校园安全稳定，构建和谐校园文化。

五、大学生健康成长成才的需要

　　大学生安全法制教育可以提升大学生的安全法制意识，而安全法制意识的加强是大学生正常学习与生活的基本保障。高校的管理制度不完善、保安人员的素质不高、安防系统和报警系统不达标等都会影响到大学生正常的学习与生活。如果大学生安全法制意识低，自我保护意识和能力差，大学生自身的不安全现象将更加突出。所以，高校必须加强对大学生进行安全法制意识教育，结合大学生学习和生活常遇到的安全问题让大学生对社会治安形势有真实的认识和理解，对大学生讲授安全知识、法制知识，进行法制教育和自我保护知识教育，使大学生自觉地学习、掌握安全技能，做好自身的安全防范。这样大学生在学习和生活中会减少不安全现象的困扰，对于完善大学生自身生理、心理发展，培养高素质合格人才具有重大的意义。安全法制意识有利于大学生正确的、科学的人生观、世界观、价值观的培养。作为新时期的大学生只有沿着先进思想道德文化的方向前进，才能确立正确的人生观、世界观、价值观，但大学生在学习先进文化的过程中常常会受到一些不良因素影响，会导致国家安全、教育安全、自身及他人安全等受到潜在危险，所以，大学生正确思想意识形态的发展离不开安全法制意识。实践证明，良好的安全法制意识有助于大学生健康的成长。

第四节　大学生安全法制意识的培养

　　由于大学生个人阅历浅、生活经验不足、防范能力差，易发生安全事故。高等院校肩负为国家和社会培养高素质人才的使命。不仅需要维护安全稳定的校园环境，还需要不断提高大学生的安全法制意识教育。大学生安全法制意识教育是高等学校为维护大学生的人身、财产安全和身心健康，提高大学生的安全防范意识与自我保护技能而开展的一种教育活动。数据显示，近年来，大学生非正常死亡事件层出不穷，并有加剧的趋势，各大报纸和网络关于大学生非正常死亡事件的报道更是触目惊心。

　　安全是人类基本的需求之一，大学生的安全法制教育成功与否会影响他们的学习与生活，安全法制意识是保障大学生安全的前提，保证高校大学生安全，首要在于加强大学生安全法制意识，提高安全防范能力。法制意识培养是指通过一定的方式方法或活动对有关对象进行的以学习法律法规知识或制度为内容的教育学习活动；是为了充实民众的法律知识，培养民众的法制意识，提高民众的法制素质，普及法制基本观点，实现法制社会构建，国家各部门和组织通过各种方式和渠道的结合，对广大民众包括青少年学生进行的以我国《宪法》和其他法律为主要内容的法制宣传教育活动。

一、完善大学生安全法制教学的课程设置

　　在学生安全法制教育课时设计上，对现行的课时进行调整，适度增加安全法制教育的

课时数量,以满足完成教学内容的需求。同时改变现有的固定教学时间,实行弹性教学,并确定阶段性目标教育内容,学生安全法制教育应包含课程教学,安全教育讲座,活动组织等不低于三种教育形式。

二、增强大学生安全法制教育主体的多元化

学生安全法制教育工作不应是一项纸上谈兵的教学课程,而是需要教学体系与校园安全管理体系协同发挥作用的系统工程,承担具体职责的教学部门一般是思政教研室。教务部门作为学生安全法制教育课程的管理机构,在制定和安排课程时应与安全管理部门开展充分的交流,实际调研学校安全概况。了解学生在安全法制方面存在的问题和实际需求,做出科学合理的教学计划,按照安全法制教育的特点将课程安排贯穿整个大学学习计划中,同时根据学生社会生活经验、自身生理发育的特点合理、有针对性的安排教学内容;充分发挥学生教育工作的优势,辅导员作为与学生关系最为密切的管理者,在实际工作中要做好对辅导员队伍的安全教育和培训,使其牢固树立"安全第一"的理念,培养他们的安全法制工作意识,紧密关注学生思想行为动态,及时发现隐患苗头,准确把握问题导向,针对具体问题及时有效地对学生开展面对面安全法制教育工作;充分发挥学校安全管理部门的专业特长,开展学生安全法制教育;共建校园安全法制文化,公安保卫部门定期判别校园安全形势,分析校园的发案规律和特征,有针对性地开展安全提示和警示,做好安全法制教育工作。

三、开展各类安全法制教育实践活动

广泛开展各类安全法制教育实践活动,使得受教育者与教育者产生互动,在轻松的实践活动氛围中提高学生安全防范意识,增加教育的实效性。第一,教育内容增加校园及周边环境分析,介绍校园的地缘环境可以帮助学生知晓校园中的不安全因素,便于预先警示及防范。第二,在校园内广泛开展各类安全法制教育实践活动,例如开展专项安全法制教育讲座,组织应急逃生演习、灭火演练,学生野外营救等活动,提高学生应急处置能力。第三,利用各种新媒介推广安全法制知识,构建校园安全文化氛围,如微信平台建立微信警务,建立安全播报栏目,学生工作安全在线等。及时推送最新的安全咨询,实现互通,资源共享。

四、建立科学合理的学生安全法制教育考评机制

在实际工作中,各层面教育管理者只是把学生的安全法制教育当作教学任务来完成,要想取得良好的实效,需要多主体共同协调才能达成教育目的,同时还需要建立一套科学合理的考评体系维持系统持续有效的运行。首先明确教学部门和其他职能部门安全法制教育的职责,做到职责明确,分工协作;其次建立科学合理的量化细则,除了传统的学分考评制度,还应以校园实际发生的各类不安全事故和案件的发生率作为奖惩依据和标准,激励和保障安全法制教育落到实处。

海恩法则认为,每一起严重事故的背后,必然有29起轻微事故、300起未遂先兆,

1 000起事故隐患。总之，学生安全法制教育工作是一项长期的系统化工作，事先预防才能达到预期效果。管理者和教学者必须充分认识到安全法制教育成本远远低于处理事故的成本，从内心高度重视学生安全法制教育工作。教学部门和管理部门应通力协作，广大师生员工应积极参与，共同营造安全法制教育文化氛围，使学生的安全法制意识和安全防范技能得到不断提高，从根本上确保校园的安全与稳定。

安全教育篇

青年是祖国的未来，民族的希望。高校是人们追求知识、完善自我、实现理想的殿堂，是人们心目中的一片净土。校园需要文明的环境和良好的秩序，对安全和稳定有很高的要求。安全是人生理之外的最大需求，无论处于生命的哪个阶段，都要与安全朝夕相伴。安全是人的生命之源，健康之本；伴随着幸福，创造着财富，会使大学生终身受益。

高校中的大学生难免要面对各种危险：或是潜在的，或是明显的，或是因为无知造成的，或是由于明知故犯带来的。在许多发达国家，新生入学的第一天，就要接受有关安全和生命的教育。在我国各学校的新生入学教育中，安全知识也占据很重要的位置，学习和掌握一些安全知识将会使大学生终身受益。安全教育是高校思想政治教育的一个重要内容，也是大学生知识体系中不可缺少的一个组成部分。抓好大学生安全教育对于加强高等院校的日常管理，维护学校的正常教学、科研及生活秩序，保障学生人身和财物安全，促进学生健康心理的形成，都具有十分重要的现实意义和战略意义。因此，做好大学生安全知识教育，不仅仅是大学生顺利完成学业的保障，也是落实以人为本科学发展观的重要体现，是维护社会和谐稳定的重要环节。

高等学校学生安全教育及管理，要以预防为主，本着保护学生、教育先行、明确责任、教管结合、实事求是、妥善处理的原则，做好教育、管理和处理工作。大学生安全教育应根据不同专业及青年学生的特点，从学生入学到毕业，在各种教学活动和日常生活中，特别是节假日前适时进行，并善于利用发生的安全事故教育学生，防患于未然。学校应根据环境、季节及有关规律进行防盗、防火、防病、防事故等方面的教育，并使之经常化、制度化。

第一章
打架斗殴逞义气　害人害己后悔迟

大学生打架斗殴是近年来困扰高校的违纪行为，也是高校保卫部门深感头疼的治安问题。大学生打架斗殴，害人害己，它损坏大学生形象，妨碍内部团结，破坏大学生成长环境，败坏学校声誉。预防和根治大学生打架斗殴的不良行为，已成为摆在高校和社会面前的一项重要课题与任务。然而只有透过打架斗殴行为的表面现象，深入探析其深层原因，才能从根本上提出行之有效的对策。

【学习目标】

1. 了解大学生打架斗殴的后果及成本。
2. 了解大学生打架斗殴的诱因。
3. 掌握大学生打架斗殴的预防措施。

【典型案例】

案例一：刘某、张某（女）系同学关系，被告人黄某与张某（女）系男女朋友关系。2017年某日下午，黄某因发现刘某通过社交平台与张某联系学校班级活动事宜时对张某有轻浮的言语，而心怀不满，故与刘某两人通过电话互骂，后双方约定于当晚20时许分别带人以打架解决纠纷。当天下午黄某纠集其朋友邻某、史某从老家一起回到学校，又纠集了其同学张某、许某等10人相约帮助其打架；刘某在学校纠集其同学及朋友赵某、张某、高某等10人相约帮助其打架。当晚20时许，双方先后达到事先约定的打架地点。刘某让其带去的其他人等候，其本人先带赵某、张某等四人前去查看接触对方，赶到时在此处等候的黄某等10人手持事先准备好的啤酒瓶迅速冲出，双方随即打斗在一起。双方殴斗过程中，张某、刘某受伤。案发后，刘某拨打110报警，次日3时许，民警将黄某、刘某等人传唤到案，经公安局物证鉴定室出具鉴定意见：张某头部的伤情构成轻伤一级，刘某的伤情构成轻微伤。

案例二：2017年9月，杜某某经过篮球场时与其他同学开玩笑，正在打篮球的宋某听到以为被讽刺，从而产生误会，进而发生争执、打斗，在此过程中杜某某眼睛被打肿。事后在和解聚餐过程中，又因吴某出言不慎发生争执，双方均动了手，樊某被打鼻出血。彭某、蒋某某、周某某、李某等人得知此事之后，并找到吴某，发生争执并打架。经校方调查，并根据《学生违纪处分实施细则》第十一条、第二十九条的规定。决定给予吴某、彭某某、蒋某某、周某某、李某记过处分，给予宋某留校察看处分。

案例三： 某学院迎新年晚会分发入场券，每寝室三张。某系一寝室由于寝室长不在，由吴某某接了票。寝室长周某某回来后，向吴某某讨票，遭到拒绝后而发生争吵。吴某某用手中的钢笔将周某某额头刺破。在二人要动手时被同学拉开。一星期后的中午，周某某在寝室时拿东西不小心碰到吴某某后又发生口角，先用手互相指责，进而动手打架。周某某把吴某某的眉毛处打出血，被赶来的同学拉开。事后，周某某给校外的亲戚打电话，告知情况并说很害怕因打架而受学校处分，其亲戚说愿意帮周某某私了。下午，周某某的亲戚带几个人来学校找到吴某某，提出私了。吴某某回答："要么打回来，要么赔医疗费5万元。"随来的外校一人动手打了吴某某，被同寝室的人拉开才没将事态扩大。

第一节　大学生打架斗殴的后果及成本

打架斗殴是校园内的一大公害，是在校学生违纪违法行为的主要表现之一。在很多情况下仅仅是因为有些同学心胸狭窄、性格冲动、好面子、讲究哥们义气等原因造成的打架斗殴。打架斗殴这种行为害人害己，易危及人身安全，酿成治安、刑事案件，甚至葬送自己的美好前程，妨碍内部团结，不利于优良校风和学风的建设，破坏大学生成才的优良环境，损害大学生的良好形象，影响学校声誉。

一、大学生打架斗殴的后果

第一，扰乱学校正常的教育、教学秩序，影响同学们的正常学习和生活。我们都希望在一个友善的校园环境中学习和生活，这样才能专心学习。同时，无论是在校外或校内打架斗殴，都会严重影响学校的声誉。

第二，严重影响被害人的身心健康。打架斗殴是一种典型的故意伤害行为，加害者以故意损害他人身体为目的。所以打架斗殴的结果往往是造成受害者身体的损伤，遭受伤痛的折磨，甚至造成残疾。

第三，给加害人的家庭造成巨大的经济负担，使被害人家庭蒙上一层阴影。人的生命和健康是无价的，以损害他人生命和健康为目的的打架斗殴行为是一种昂贵的消费行为。

第四，对自己来说，打架斗殴的直接后果就是被学校纪律处分、从而在自己的人生历程中留下一个挥之不去的污点，甚至构成故意伤害罪，被追究刑事责任。在我国，《中华人民共和国民法通则》第一百一十九条：侵害公民身体造成伤害的，应当赔偿医疗费、因误工减少的收入、残废者生活补助费等费用；造成死亡的，并应当支付丧葬费、死者生前扶养的人必要的生活费等费用。《中华人民共和国治安处罚法》第九条：对于因民间纠纷引起的打架斗殴或者损毁他人财物等违反治安管理行为，情节较轻的，公安机关可以调解处理。经公安机关调解，当事人达成协议的，不予处罚。经调解未达成协议或者达成协议后不履行的，公安机关应当依照本法的规定对违反治安管理行为人给予处罚，并告知当事人可以就民事争议依法向人民法院提起民事诉讼。《中华人民共和国刑法》第二百三十四条：故意伤害罪指出：故意伤害他人身体的，处三年以下有期徒刑、拘役或者管制。致人重伤的，处三年以上十年以下有期徒刑；致人死亡或者以特别残忍手段致人重伤造成严重残疾的，处十年以上有期徒刑、无期徒刑或者死刑。本法另有规定的，依照规定。

俗话说："忍一时风平浪静，退一步海阔天空。"学会换位思考，多为对方想一下，做错事不要害怕丢面子，多作自我批评，用一颗宽容之心去对待别人，就能切实避免打架斗殴事件的发生。

二、大学生打架斗殴的成本

站在成本分析的角度看，大学生打架成本显然具有全面性、多样性和复杂性的特点。现实中，大学生打架的直接成本是显性的，受关注度较高；间接成本则长效而复杂，隐秘而不为人所注意。但无论是直接成本还是间接成本，都是客观存在的，教育管理中无法回避，我们理应对打架成本给予科学管理和有效控制。综合有关管理实践及当下大学生打架斗殴实际情况，我们从直接成本和间接成本两个方面分别进行了研究。

（一）直接成本。批评教育成本。高校会投入大量工作精力，对所属的当事人（少则数人，多则数十人）逐一谈话和调查；不但要调查还原事件经过，还要与涉事的关联学院协调，如情节严重的还要会同学校保卫处等有关部门进行联合调查；在对当事人批评教育的同时，学校、院系还要召开不同层面的会议，再三强调大学生要守纪育德，警惕秩序失范和连锁效应。这就产生了批评教育成本。

纪律处分成本。高校相关部门调查核实后，本着防微杜渐、小惩大诫和治病救人的原则，根据相关规定，拟定当事人的纪律处分建议，然后报送学校相关部门，再上报校长办公会研究通过。最后，当事人受到视情节轻重而给予的相应纪律处分。

待遇惩罚成本。区分个人冲突型、聚众斗殴型等不同种类和情节，视危害程度和后果，学校还要给予当事人甚至所在班级、院系取消评先树优、奖贷减免和缓发、扣发有关证书等不同类型的惩罚。

人财物损失成本。冲突双方身心受伤的同时，还不得不承担相应的经济赔偿乃至法律后果。据统计，某高校2015—2017年的大学生打架斗殴事件中，冲突激烈导致轻微伤及以上的占百分之六十七，合计赔付种牙、整容、鼻梁骨修复等医疗费、营养费，服装、手机等杂费，门窗等公物修复费用等，共支出二十余万元，主要侵害者人均赔付高达三万余元。其实，对大多数来自尚不富裕家庭的学子而言，这是一笔相当昂贵的"学费"。更令人后怕的是，因打架冲突而受伤的部位多集中在头部的鼻骨、眼睛、牙齿等要害部位，产生的后果极为严重。

（二）间接成本。身心健康成本。打架事件发生后，学校一般要启动调查和责任追究程序。在一般为期30天的处理过程中，相关调查追责过程对当事人自身、有关亲友和同学老师的正常生活秩序造成了一定影响，也使上述人群不同程度地产生焦虑、忧郁等身心方面的疾患。

教育培养成本。有学者测算，从学前教育一直到高等教育，每个家庭为大学生求学总投资人均约10万元。另据教育部计算的数据，以大学本科生为例，由国家、学校和学生三方共同负担的生均培养成本每年高达5万元，而大学生在校打架违纪，不仅会进一步追加学生、学校、家庭、国家和社会的投入成本，严重者还会导致开除学籍，甚至触犯刑法。

名誉形象成本。一所有着优良学风、校风的大学，如果打架与冲突事件频发，在信息资讯发达的今天，极易卷入舆论漩涡，成为大众媒体的议题，并在事件进一步酝酿发酵后，容易造成对当事人、院系和学校名誉及形象的二次伤害。这些损失，亦构成了成本。

远期发展成本。这一成本主要是指打架事件对当事人就业择业、职业发展乃至家庭生活等方面可能带来的长期性、隐秘性的影响与损失。如一旦校内违纪处分决定或国家机关的处罚法律文书载入学生档案，对有望考取公务员、事业编制等"身份"的同学就影响很大。

第二节　大学生打架斗殴的诱因

从发生在高校校园内外历次打架斗殴的直接原因来看，似乎都非常的简单，如：在食堂中，由于人多拥挤，不慎把饭菜泼洒到别人身上；或与食堂工作人员发生言语冲突引起争吵；或在球场上，因争夺场地和比赛中对裁判裁决不满等引起纠纷；或在溜冰场、舞场、游戏机场等由于无意冲撞、争抢舞伴、争抢位置等引起口角、摩擦；以及在其他一些公共场所因微不足道的原因导致的口角、言语冲突等等。而对大学生打架斗殴的行为进行深入探析，我们发现，在这些表层原因的后面，隐藏着深刻的社会、学校、家庭以及大学生个体心理等方面的原因。

一、社会层面的影响

从社会层面来看，最为突出和直接的影响因素有二：第一，地区社会心理和习俗。第二，学校近邻环境多元化。如今高校周边环境日益完善，周边环境的社会风气和社会成员结构，对在校大学生的思想和行为有着直接而重要的影响。部分大学生打架均与不良社会因素有所联系。上述环境因素造成的社会化过程缺陷，导致打架脱离了高校育人的要求而有悖于社会规范，这便是大学生打架行为的原因。

二、学校层面的影响

从学校层面分析，众所周知，这代青少年的中学时代是在国家经历了经济科技日新月异、不断发展的时期中度过的。调查表明，多数打架生早在中学里就养成了自由散漫、我行我素等不良习惯。进入大学后，又受到几方面因素的影响，第一，不良校风影响。大学校风方面的"不良传统"，在新生进校后很短的时期内就通过各种渠道、形式等影响源传播至新生中间。第二，老乡关系驱使。近年来"老乡"风在大学颇为盛行，并有很大向心力和聚合力。第三，同学之间友爱精神差。由于现实的复杂原因，现在大学生中应增进相互之间的同窗感情、谅解、关心和爱护，在一定程度上避免"各顾各""事不关己高高挂起"等行为。

三、家庭层面的影响

从大学生家庭层面分析，典型打架生多来源于四种家庭：第一种，粗暴型家庭；第二种，高压型家庭；第三种，放纵型家庭；第四种，悲剧型家庭。家庭是个体在青年期以前形成个性品质最主要的环境，以上四种家庭显然未能完成它们的职能任务。

四、个人心理层面的影响

从个人心理方面来看，不健康心理和人格障碍也能导致打架斗殴。在现实中，由于不健康心理而导致的打架斗殴极为普遍，占其总数的90%以上。这类心理常见的有：一是虚荣心理：它是自尊心的过分表现，是为了取得荣誉和引起普遍注意而表现出的一种不正常的情感，它集中体现为面子问题。这是导致大学生打架斗殴相当普遍的一种心理。二是报复心理：这是大学生中极为恶劣的一种不健康心理，更是导致大学生打架斗殴的最重要的深层心理原因。如因口角纠纷、受人言语侮辱；开玩笑过分、自尊心受损；考勤问题发生矛盾等。由于报复心理的驱使，很容易引发大学生的打架斗殴。三是嫉妒心理：指因嫉妒他人地位、成绩等而导致的攻击他人行为。因这种不健康心理而导致打架斗殴，是种极端的行为表现。它往往是由于这种不健康心理的长期累积经过某些外部的小口角、小冲突而引发，借机发泄从而导致打架斗殴的。此种类型的打架斗殴虽不多见，但也不容忽视。四是烦躁、空虚心理：主要由于社会剧烈变动造成群体躁动现象的冲击，以及大学生个人理想、精神支柱的幻灭等，而导致的无所事事、混日子的不健康心理。有这种心理的学生往往通过打架斗殴来获取一种病态的成就感，从而发泄自己的情绪，填充烦躁、空虚、无聊的生活空白。这已成为导致高校打架斗殴的一个重要心理原因。五是从众心理：这种心理主要体现为，当自己本系、本年级、老乡或朋友与人冲突时，出于某种"责任"或朋友哥们义气而出头，推波助澜、随大流。它是导致大学生群体性斗殴的重要心理原因，盲目性大，涉及面广，危害也最深。除了以上这些主要的不健康心理外，还有一些心理如挫折心理、逆反心理等也常会导致打架斗殴。

第三节　大学生打架斗殴的预防措施

要预防和根治大学生打架斗殴，要注意做到"软""硬"兼施。即从矫正大学生不健康心理和加强对大学生规范管理、教育方面入手，从学校、家庭、个人三个方面，采取

"标"、"本"并治,从而达到彻底预防和根治大学生打架斗殴之目的。

一、学校维度：优化育人生态，从现实中遏制打架诱因

预知打架成本，教育关口适当前移。要彻底扭转先事发再教育的被动状态，思想政治工作不能停留在事后管人、道德批判的硬着陆状态，而应该入心化行，固本强元，早提醒、早打招呼，将苗头扼杀于未起。调查发现，高校打架斗殴绝大多数属于偶然性、突发性事件，只有少数是有组织、有预谋的，打架斗殴之所以经常发生，关键是信息不对称，当事人对打架所产生的"成本"无法预知。假如大学生能事先了解自己"冲冠一怒"的打架成本如此之大，事先懂得"打架就要付出沉重代价"，自然就会"手下留情"。

调研打架规律，遏制打架行为发生。如前所述，大学生打架行为有规律可循，与情境、专业、年级等要素正相关。因此，学校应对措施得力的话，可最大限度地减少打架事件发生。为此，对大一学生应做到"抓严抓实，打好依规守纪基础"；对重点专业学生应做到"面上严抓，形成群体自省意识"；对高年级男生应做到"重点严抓，形成系统防控体系"。

优化育人生态，促进学生健康成长。不能想当然认为制度完备、景观美化就等同于校园社会生态优良。因为除了硬件基础，与学生成长直接关联的教风、学风、校风，和间接关联的党风、政风、行风以及凝聚力、认同度等校园文化"软实力"更是生态环境的重要构件。在这方面，学校相关部门应联手行动，协同发力，软硬齐抓，以创建文明校园为着力点，系统优化提升校园生态环境。学校应该同时关心、鼓励学生学会与人沟通、换位思考、理解他人、尊重他人，从而在校园内形成开放、包容、文明、和谐的生态氛围。

二、家庭维度：夯实正向基石，在成长中移除打架基因

家庭的职能之一，就是给子女提供优良个性品质成长的土壤。说明家庭环境对孩子在关键时期成长的重要性。当子女进入青年期后，家长不能片面认为将其送进大学校门就可以撒手不管，现实的境遇是，身体的成年与心理的成年并不是同步协调的。大学之所以成为人生成长的分水岭，成为部分人群的"麦城"和"荆州"，很大程度上与家庭的放任自流有关。跟踪调查发现，绝大多数打架生和后进生能在亲人的及时介入后，精神复振，痛改前非。因此，高校思想政治工作者应着力加强大学阶段的家校沟通，实现无缝对接、精准育人。

三、学生维度：强化成本教育，从源头上降低打架驱力

营造正青春、正能量的人际氛围。研究发现，通过倾诉、娱乐、旅行等适当方式，个体内部能够打开"阀门"自我减压、化解矛盾和宣泄情绪；通过构建文明、协调、积极友好的人际关系，个体外部能够关系融洽、和谐；如果双管齐下，青年学子或显性或隐性的心理问题就有利于得到引导和矫正，从而达到新的平衡和稳定。学校相关措施有：一是营造培育正能量的文明修身、文明校园等为导向的校园文化气氛；二是营造培育弘扬社会主义核心价值观的正能量课堂氛围；三是打造培育正青春的创先争优、大学生党员示范岗等学习生活环境；四是树立培育"今天我以学校为荣，明天学校以我为荣"的正能量媒体舆

论场；五是大力弘扬志愿服务精神，打造绿色家园、法律援助等社会实践品牌。

建立真实、真诚、正确的人际沟通方式。一般认为，假如有着较强的人际交流才能，遇事理智，能妥善对话与交流，那么青年学子在发生言语和利益冲突时，更会选择文明方式来维护合法权益；相反，认为受到侵害的青年学子就可能选择以怨报怨的方式来维权。学校应从培养大学生人际关系方面入手，通过打造"文明寝室""文明班级"等品牌，培育文明的寝室成员关系、团结的班级同学关系与和谐的师生关系，从而优化校园社会生态，正面引导青年学子树立新型的人际关系。

引导采取正确、恰当、得体的方式维护权益。管理实践中，当大学生之间发生纠纷、利益受损时，学校的教育理念是：第一，冲突时不要幻想"打架"抗争，否则有理也无节，不能维护正当权益；第二，遇事不能"呼朋引伴"，否则小事也闹大，以致事态失控；第三，明确打架与正当防卫无关，无关正义且无涉公理。因此，遇事一定三思而后行，利益抗争最有效的武器是法律，当冲突不构成利益侵害时，可以向导师、辅导员和所在院系及时报告，以防事态扩大；当自身利益受侵害时，可选择及时报警，寻求法律途径来保护自己。

【思考题】

1. 在遇到不愉快的事，应采取哪些方法克制自己的情绪？
2. 在大学校园中，应该培养怎样的习惯，才能保证和他人的正常交往？
3. 在大学生活中，如何能使别人更好地了解自己？

第二章
时时处处莫大意 交通安全记心间

当前,我国正快步进入汽车社会,但有些区域的交通安全观念、交通文明意识明显滞后,不规范驾驶如超速、超员、路口违反交通信号和不按规定让行等严重交通违法行为多发。安全行车、文明礼让理念亟须强化。同学们几乎每天都可以从广播、电视、网络、报纸杂志上听到、看到关于交通事故的报道。车祸猛于虎,每一起交通事故都会给个人和家庭带来无尽的痛苦和灾难。本章节系统阐述了大学生交通事故的主要类型、发生交通事故的原因教训、交通事故的防范措施和发生交通事故时的处置方法。通过本章的学习,希望同学们能够充分认清发生交通事故的根本原因和现实危害,不断提高遵章守纪的自觉性,切实掌握远离交通事故的基本方法,有效防止交通事故的发生。

【学习目标】

1. 做好交通事故的预防。
2. 妥善做好交通事故的处置。

【典型案例】

案例一: 某高校几名学生,在一次参加完考试回校的路上,恰逢周末返校高峰,因返校公交车满员,几个学生为图省事,乘坐了一辆三轮车,在经过一个路口时与水泥罐车发生擦碰,导致车祸,一名学生毁容,几名学生不同程度受伤。

案例二: 武汉某高校某班级的几十名学生乘坐租用的大巴外出春游。返回途中,大巴因雨天路滑翻下山崖,一名学生当场死亡,五名学生经抢救无效死亡,数名学生受重伤。经调查,此次旅游是几名学生干部组织策划的,他们乘坐的这辆车已接近报废年限,并刚被取消营运资格,组织者没有为学生购买意外保险,遇难学生无法得到保险公司的赔偿。

案例三: 某高校学生李某,喜欢戴耳塞边听音乐边走路边看书,有时候车到了他跟前才发觉。同学多次提醒他要注意,他却当作耳边风。一天下午,他跟往常一样一边听着音乐、看着书回宿舍,经过一个十字路口时,一辆大众轿车从他左侧开过来,汽车鸣笛,他丝毫没有避让,结果汽车刹车不及将他撞倒,幸好车速不快,否则性命难保。

案例四：某高校学生张某，在网吧里上网到凌晨四点才回寝室休息。一觉醒来已快到上课时间，他起床后顾不得梳洗匆匆下楼，骑上自行车飞快奔向教室。当骑到一个右转弯路段时，车速已很快但他又猛踩了几下，就在这时迎面来了一辆小轿车，因车速太快避让不及，连人带车被撞倒，致使右胳膊骨折，自行车摔坏。

案例五：湖南省某路段发生一起大巴车坠崖事件。一辆载有48人的大巴车冲出路面发生侧翻，滚落到30余米深的山崖下，造成4人死亡、44人受伤。车上除司机外，都是某学院参加自学考试的师生。

案例六：山东某学院大二女生林某与老师、同学四人结伴去泰安游玩。四人驾车从泰安返回济南时，在高速路上不幸撞到前方辆货车，林某脑部遭受重伤，经抢救9天后最终离开人世。

案例七：杭州市某高校学生胡某驾驶跑车行驶至一小区门口时，因超速行驶撞上了正在过斑马线的路人谭某。谭某经抢救无效死亡，胡某以交通肇事罪被判处有期徒刑三年。

案例八：西安某学院大三学生药某驾车撞人后，又将伤者刺了八刀，致其死亡。药某被西安市中级人民法院以故意杀人罪判处死刑，剥夺政治权利终身。

第一节 大学生交通事故的主要类型

大学生交通事故，是指大学生以及其他在道路上进行与交通有关活动的人员，在校园内及社会道路上，因违反交通管理法规，过失造成的人身伤亡或财产损失的事故，包括大学生过失违章造成自己或他人的人身伤害和财产损失，以及他人违章造成大学生人身伤害或财产损失两种情况。综合分析近年来发生在校园内外的交通事故案例，大学生交通事故主要有以下几种类型。

一、行走时发生交通事故

同学们外出进行购物、游玩、访友、社会实践等活动，因地方车流量大、行人多，与校园内相比，交通状况更加复杂。同学们缺乏通行经验，尤其是缺乏交通安全意识，则容易导致自身发生交通事故的概率升高。大学校园内的交通虽然不如校外道路上那样拥挤，但也存在无专职交通管理人员，上、下课时间交通流量大，汽车、摩托车、三轮车、电瓶车、自行车等在校园内来回穿梭等情况。只要稍有疏忽，造成重大人员伤亡的交通事故也容易在高校校园内发生。

二、骑非机动车时发生交通事故

一般高校校园面积都比较大，学生宿舍与教室、实验楼、图书馆等之间的距离比较远。许多同学购买了自行车、电瓶车，上、下课或课间时骑自行车、电瓶车在人流中穿行。有的同学骑车飞快，认为校园内没有红绿灯，可以不分上下行道，结果发生交通事故；有的同学无驾驶执照驾驶摩托车，并且有时后座上带人，因驾驶技术不佳发生交通事故，并可能会造成乘车人死伤。

三、乘坐交通工具时发生交通事故

同学们在放假离校、返校、外出游玩、参加社会实践等途中，都要乘坐各种长途或短途的交通工具。全国各地高校大学生因乘坐交通工具发生交通事故的情况时有发生，有时甚至造成群体性伤亡，教训十分惨重。造成大学生群死、群伤的交通事故，大多与同学们外出游玩有关。有的同学租用非法运营的私人车辆外出旅游，有的同学乘坐旅游公司的车辆外出旅游，途中发生交通事故；还有的同学在乘坐自己、同学、朋友的私家车时，发生交通事故，造成人员伤亡。

四、驾驶车辆时发生交通事故

目前，在校大学生考取驾驶证的越来越多。由于种种原因，大学生驾车时发生交通事故也呈现出上升趋势。个别同学驾车时间短、经验少，遇到紧急情况时缺乏处置能力，手忙脚乱，容易发生交通事故；个别同学违章驾驶车辆，如酒后驾驶车辆，驾车时闯红灯、超载等，导致发生交通事故，造成驾驶员和乘车人的死伤。

第二节　发生交通事故的原因教训

交通事故的发生往往都带有血的教训。通过对大学生交通事故的类型分析来看，不管是在校内还是在校外，不论是行人、骑车人、乘车人、还是开车人，发生交通事故原因是思想麻痹，自我保护意识淡薄，缺乏交通安全常识，不遵守交通法规。

一、驾驶员危险驾驶车辆导致发生交通事故

公安部交管局负责人披露，危险驾驶行为主要包括酒后驾驶、追逐竞驶、吸毒后驾驶、超速行驶、疲劳驾驶、超超员超载、闯红灯，以及强行变更车道、强行超车、违法抢行、占道行驶、不按规定让行等。个别同学发生交通事故致伤致死，主要是与机动车辆相撞造成的，有些交通事故是由于机动车驾驶员危险驾驶车辆造成的。

（一）超速行驶。俗话说："十次事故九次快。"道路交通管理法规对不同的路面规定了不同的时速，这是有科学道理的，也是千百次血的教训的总结。由于个别驾驶员超速行车或强行超车，以致发生交通事故。

案例链接：

保定市某大学超市门口，一辆黑色轿车超速行驶，将两名女生撞出数米远，导致一名女生死亡、一名女生重伤。

（二）酒后驾驶。来自公安部交管局的数据显示，我国每年因为酒后车引发的车祸达

到数万起，造成死亡的事故中，半数与酒后驾车有关。《中华人民共和国通语交通安全法》第九十一条和《中华人民共和国刑法》第一百三十三条对机动车驾驶人饮酒、醉酒做出了明确处罚规定。

（三）疲劳驾车。疲劳驾驶一般是指连续驾驶机动车辆超过4个小时、从事其他劳动体力消耗过大或者睡眠时间不足时驾驶车辆的行为。驾驶车辆的特性要求驾驶员在行车过程中，必须始终保持精力充沛，头清清醒，才能反应灵敏，及时处理各种情况。如果处于疲劳状态，就会出现体力下降，注意力不集中，视觉模糊，判断不正确，操作不当，最终可能引起车辆失控，从而发生交通事故。

案例链接：

某大学东门外 1 000 米处发生重大交通事故。一辆轿车突然驶入道路左侧非机动车道内，与非机动车道上正在行驶的某自行车俱乐部车队相撞，致五人死亡、三人受伤，某高校一名教师在这起交通事故中不幸身亡。

（四）违章行驶。"实线虚线人行线，都是生命安全线"，"红灯绿灯黄灯，都是生命警示灯"。个别驾驶员不遵守《中华人民共和国道路交通安全法》的有关规定，驾驶过程中随意闯红灯、越黄线、逆向行驶等，因而发生交通事故，造成车毁人亡的情况时有发生。此外，开"斗气车"也是导致交通事故的原因之一。"路怒"即带着愤怒情绪驾驶机动车，俗称"开斗气车"，又称为"攻击性驾驶"，在交通违法行为上表现为强行变更车道、强行超车、违法抢行、占道行驶和不按规定让行等交通违法行为。

案例链接：

济南某高校一名大三男生穿过学校北门外的道路时，站在公路中间等待车辆过去，一辆越线逆行的大货车疾驰而来，将他卷入车轮，并拖行了约40米。该男生经抢救后虽无生命危险，但最终还是高位截肢。

某市某学院大门外十字路口附近发生一起车祸。一辆黑色轿车违章闯红灯，将该学院一名学生撞倒，导致学生的胳膊受伤，轿车司机驾车逃离现场。

（五）分心驾驶。因驾驶员视线偏离或分心产生的注意力不集中，是引发交通事故的常见且重要的原因，比醉驾和毒驾更具危险性，危害程度更大。随着智能手机的普及，越来越多的司机在开车时会低头玩手机甚至发微博、微信，媒体称之为"低头族""盲驾族"。"低头族"导致的车祸悲剧已屡见不鲜。

案例链接：

黄某驾驶轿车行驶至某市开发区某大学西北门路段时，低头看了一下手机，将正在过马路的某大学四名大三男生撞倒，导致一名学生脑干受损、三名学生轻伤。事发后，黄某驾车逃逸。事后黄某因涉嫌交通肇事逃逸被青岛市开发区警方行政拘留。

（六）技术不精。汽车驾驶是高度的知觉效应和娴熟的操作技巧的统一，通常只有具备一定的驾驶技术，才能做到安全行驶。当前，随着社会的发展，人们生活水平的提高，家庭购买车辆的越来越多,大家接触车的机会也越来越多,驾驶员中技术不精人员也越来越多,已成为交通安全的重大隐患。公安部交管局相关负责人介绍,造成严重交通事故后果的危险驾驶行为中,驾驶年龄在6~10年、10~15年和1年以下的驾驶人群体中相对高发。究其原因,主要是前一群体具备一定驾驶经验后,对自身驾驶技术过于自信。而驾龄不足1年的驾驶员,主要是安全驾驶、守法驾驶的意识和能力还不够高。

法律链接:

《中华人民共和国刑法》第一百三十三条规定:违反交通运输管理法规,因而发生重大事故,致人重伤、死亡或者使公私财产遭受重大损失的,处三年以下有期徒刑或者拘役;交通运输肇事后逃逸或者有其他特别恶劣情节的,处三年以上七年以下有期徒刑;因逃逸致人死亡的,处七年以上有期徒刑。在道路上驾驶机动车追逐竞驶,情节恶劣的,或者在道路上醉酒驾驶机动车的,处拘役,并处罚金。有前款行为,同时构成其他犯罪的,依照处罚较重的规定定罪处罚。

二、少数同学交通法规意识淡薄导致发生交通事故

案例链接:

某大学科技园某高校新生王某"十一"放假回家时,因没有遵守交通信号违规横穿马路,被一辆机动车撞出10余米后,又被随之而来的第二辆车拖挂20多米。王某虽经及时抢救,但还是不幸身亡。

某职业学院学生沈某从校外买了午饭准备返回学校途中,经过学校门口某道路口时,被一辆自西向东驶来的面包车撞倒,导致头部严重受伤。

交通法规是总结大量交通事故血的教训才产生的,是人们交通安全的基本保障。只要同学们提高交通安全意识,自觉遵守交通法规,就会少发生或不发生交通事故。相反,如果同学们不遵守交通规则,存有侥幸心理,甚至明知故犯,如违章驾驶,骑车带人、逆行、闯红灯、过马路不走人行横道和过街桥等,就容易发生交通事故。

三、部分同学自我保护意识不强导致发生交通事故

案例链接:

某市某高校一女生行走在某市场附近时,因一边走路一边低头看手机,没有注意到前面有施工围挡,不小心撞了上去。该女生仰面摔倒在了地面上,并磕破了鼻子,造成鼻血直流,右脚也造成扭伤。

某市某职业学院门口发生一起交通事故。一辆小轿车撞飞了横穿马路的该学院五名学生,其中一名女生张某受到重伤。

由于他人,特别是机动车驾驶员的违章,结果造成个别同学无辜被撞伤、撞死,这样的教训是十分惨痛的。造成这类交通事故除了对方的原因外,也与个别同学自我保护意识不强,安全防范能力不高有关。如有的同学喜欢边走路边看书、听音乐,或者左顾右盼、心不在焉,容易发生交通事故。警惕和防止由于他人的过失对自己造成伤害,注意做到出

行时精力集中，要一慢、二看、三通过，不要与机动车抢道；发现违章的车辆向自己驶来，要主动避让，防止伤害到自己；不开车况不好的车辆上路，开车不超速，与前车保持一定的安全距离；遇到路况复杂、天气不好时，要倍加小心，及时避让，以免受到意外伤害。

四、交通事故的发生影响了个人前途和家庭幸福

案例链接：

某市会展中心附近路段发生一起交通事故。两辆公交车在会展中心站停靠时，一名女大学生下了公交车，从两辆公交之间穿过到马路对面，正巧两车追尾，这名女大学生被夹在两车中间不幸身亡。

某市某高校大一新生宋某在学校一土质操场上散步时，被一辆轿车撞断了腿。一辆白色轿车在该校操场内玩飘车，在操场一拐角处发生了漂移，将宋某和另外一名男同学撞伤，其中宋某的左小腿被当场撞断。

"车轮一动，事关人命"，"手握方向盘，脚踩生死关"。西方哲学家曾把人的需求归纳为安全需求、生理需求和发展需求，其中第一位的便是安全需求。没有生命和自由保障，其他都是空谈。速度给我们带来了许多便利，但在车流量急剧增加的公共交通中，稍不留神，一个小失误，就可能发生交通事故，造成人员的伤亡。不仅肇事者自身及其家庭要承受伤痛，并接受法律的严惩，而且使很多英才英年早逝，使许多孩童惨遭夭折，使许多美满幸福的家庭破碎。如果说因为自己的原因发生了交通事故，造成身体上的伤害甚至丢掉了生命，这实在是对个人和家庭的沉重打击，对个人前途和家庭幸福的不负责任。

第三节　重视做好交通安全事故的预防

交通安全由道、车、人三个要素构成，道路是交通安全的基础，车辆是交通安全的重要因素，而人是交通安全的最重要因素。因此，同学们预防交通事故，确保交通安全，最重要的是严格遵守《中华人民共和国道路交通安全法》，不断提高自我防护能力，切实做好交通事故的防范工作。

一、外出步行时的注意事项

徒步是同学们最常用的交通方式之一，也是最容易引发交通事故的方式之一。同学们节假日外出游玩、访友可能要到闹市区活动，而这些地方车流量大、行人多，各种交通标志眼花缭乱，与校园内相比，交通状况更加复杂。由于是徒步，许多同学放松了对交通安全的警惕，使交通事故的发生概率大大增加。因此，同学们平时外出在道路上行走时，要注意以下几个方面。

（一）在外出步行时，须在人行道内行走。没有人行道的，要靠路右边行走。

（二）走路时要集中精力，不要边走路边看书或追逐打闹，切记戴耳机、听音乐等分散精力的事情。

（三）在横过马路时，须走人行横道或过街天桥、地下通道。

（四）不要在车辆临近时突然横穿，做到"左看、右看、再左看"。

（五）注意养成看交通信号灯的好习惯。通过有交通信号控制的人行横道，须遵守信号规定，做到"红灯停、绿灯行、黄灯等一等"。

（六）当遇有交通警察现场指挥时，应当按照交通警察的指挥通行。注意避让来往车辆，不要在车辆临近时抢行，不要追逐、猛跑、斜穿或突然改变行路方向。

（七）不要突然横穿马路，特别是遇到马路对面有熟人呼唤，或者看到自己要乘坐的公共汽车已经进站时。

（八）注意学会估测来车与自己之间的安全距离。当车辆正在行驶时，人与来车距离25米以上才比较安全。

（九）在设有护栏或隔离墩的道路上，不要跨越道路中央的安全隔离护栏。

二、骑非机动车时的注意事项

同学们在骑非机动车时，更应提高警惕，增强自我保护意识，掌握一定的骑车交通知识，重点把握以下内容。

（一）骑车外出的同学，出行前要先检查一下车辆的铃、闸、锁是否齐全有效，保证没有问题后方可上路。

（二）要在非机动车道上行驶，没有划分车道的要靠右边行驶。

（三）在通过路口时，要"一停、二看、三通过"，并主动避让机动车先行。遇红灯时，应停在停止线或人行横道线以内，严禁用推行或绕行的方法闯红灯。

（四）不能随意骑入机动车道，不要骑车逆行，不并骑，不载人，不追逐打闹，不双手离把骑车，不攀扶其他车辆，不在便道上骑车。

（五）当通过陡坡、横穿机动车道或途中车闸失效时，须下车推行。下车前，须伸手上下摆动示意，不要妨碍后面车辆行驶。

（六）在骑车转弯时，要伸手示意。同时，要选择前后暂无来往车辆时转弯。切不可在机动车驶近时，急转猛拐，争道抢行。

（七）骑车时要集中思想，不要戴着耳机收听广播、音乐，不接听电话、吃零食等。

（八）在骑自行车载物时，长度不能超过车身，宽度不能超出车把宽度，高度不能超过骑车人的双肩。

三、乘车时的注意事项

同学们放假离校和返校、外出游玩、参加社会实践等，都要乘坐各种长途或短途的交通工具。在乘坐公共汽车、电车、长途汽车等各种交通工具时，同学们必须掌握必要的交通安全常识。为保证乘车安全，同学们乘车时应注意以下几点。

（一）在乘坐公共汽车、电车和长途汽车时，须在站台和指定地点候车。在上下车时，不要抢行，更不能在车辆进、出站点时尾随车辆。

（二）要在车辆停稳后有序上下车，遵守上下车的规则。

（三）不准在车行道上打出租汽车。

（四）不准携带易燃、易爆等危险品乘坐公共汽车、电车、出租车和长途汽车。

（五）在机动车行驶中，不要与驾驶员闲聊，不准将头、手等伸出车窗外，不准在车内吸烟，不准向车外抛洒物品，不准跳车。

（六）乘坐小型汽车、大客车时，要系好安全带。

（七）乘坐货运机动车时，不准站立，不准坐在车厢栏板上。

（八）乘坐长途汽车时，尽量不要打瞌睡。因为在睡眠时，若司机急刹车，惯性可能造成伤害。

（九）不能贪图便宜，乘坐车况不好、"黑车"、"摩的"等没有安全保障的车辆，拒乘超载车、改装车、拼装车等。

（十）注意司机是否疲劳驾驶。

（十一）下车以后，不要从车前、车后突然走出或横穿马路，要注意观察判断情况后再行走。

四、在外打车时的注意事项

近年来，社会上人员外出打车时遭遇车祸、抢劫、被杀等案件事故时有发生，特别是单身女性更易遭到侵害，主要原因是他们搭乘了没有安全保障的"黑车"。"黑车"驾驶员不具备营运客车从业资格，安全意识淡薄，容易发生人为肇事事故；"黑车"车辆状况差，容易发生机械事故；驾驶"黑车"的人员复杂，极易发生偷盗、抢劫、打架等治安事件；为争客、抢客、躲避管理部门检查，"黑车"驾驶员经常违规超速行驶，超员载客，分散驾驶精力，疲劳开车，极易引发安全行车事故；"黑车"保险手续不齐，发生重特大事故后，没有能力赔付。因此，同学们外出打车时，一定要搭乘正规运营车辆，并注意以下几点。

（一）到主路上打行驶中的空车。不要贪近怕远，最好走到主路上来打车。尽量打行驶中的空车，不要打停在路边的空车，避免遇到"蹲点"的坏人。

（二）上车记下车牌号，自己独自打车，特别是在晚上打车时，要注意记下车牌号，然后当着司机的面给家里人打个电话，告诉他们车牌号，方便的话出来接一下。

（三）上车后坐在后排左边位置。司机后面的位置安全系数高，同时这个位置也不利于司机发动袭击。

（四）夜晚打车记得开车窗。保持车内空气流通，以防迷药事件发生。

（五）不露财不高调。针对女生的犯罪比率较高，衣着暴露、露出钱财等很可能激起对方的犯罪欲望。

（六）随时注意行车路线。上车后切忌低头玩手机、听音乐，甚至闭上眼睛睡觉，这样的习惯风险很大。如果同机有歹意，把你拉到偏僻地方，而你却一无所知。

（七）不要坐黑车，不要与陌生人拼车。如果搭朋友的车，一定要看清车主是熟人再上车。

（八）在个人手机上设置紧急键。

五、驾驶机动车时的注意事项

目前，部分同学在校学习期间就已经考取了驾驶执照，有的同学在学校里已经开上了自己的私家车。为确保驾驶时的安全，大学生驾驶员应该掌握必要的安全驾驶常识，主要做好以下几个方面。

为确保驾驶车辆时的安全，大学生驾驶员应该掌握必要的安全驾驶常识，主要做好以下几个方面。

（一）出车前、行驶中、收车后，都要对所驾驶的车辆进行安全检查。

（二）出车时要带齐有关证件，严禁喝酒后、醉酒后、服用麻醉剂后驾驶车辆。

（三）驾驶室内不准超额乘人。

（四）开车时不准戴耳机、拨打手机、发短信，不做"低头族""盲驾族"。

（五）行车中要随时注意标志牌，以防走错路线，无故造成违章。

（六）要注意与前车保持一定的安全距离，经过路口时要减速左右看，并注意突然窜出的非机动车。

（七）在路口遇见红灯减速时，要注意从后视镜观察后车，急刹车前要看看后视镜。

（八）拐弯时一定要减速再减速，礼让路人和电瓶车。

（九）在市外开车尽量走中间道。在山道上行车，如遇急弯或视线不好时，要早按喇叭并减速。

（十）行驶中不得超过限速标志的最高时速。在没有限速标志的路段，应保持安全车速。

（十一）驾驶员、乘坐人员应当按规定使用安全带。研究表明，规范使用安全带，可降低40%的碰撞伤害概率。

（十二）开车时要聚精会神，不要只顾和同伴聊天而不留意路况。

法律链接：

酒驾是指车辆驾驶人员血液中的酒精含量大于或者等于20mg/100ml，小于80mg/100ml的驾驶行为。醉驾是指车辆驾驶人员血液中的酒精含量大于或者等于80mg/100ml的驾驶行为。根据《中华人民共和国道路交通安全法》第九十一条规定，饮酒后驾驶机动车的，处暂扣六个月机动车驾驶证，并处一千元以上二千元以下罚款。因饮酒后驾驶机动车被处罚，再次饮酒后驾驶机动车的，处十日以下拘留，并处一千元以上二千元以下罚款，吊销机动车驾驶证。醉酒驾驶机动车的，由公安机关交通管理部门约束至酒醒，吊销机动车驾驶证，依法追究刑事责任；五年内不得重新取得机动车驾驶证。饮酒后或者醉酒驾驶机动车发生重大交通事故，构成犯罪的，依法追究刑事责任，并由公安机关交通管理部门吊销机动车驾驶证，终生不得重新取机动车驾驶证。

六、校园内交通事故的预防措施

案例链接：

某市某高校校区内，一辆收垃圾的拖拉机在停车时，由于司机没拉手刹，导致拖拉机溜车，撞向在某路公交车站牌处等车的学生，造成多名学生生受伤，其中两名学生伤势较为严重。

某市某大学研究生宿舍楼底路口发生车祸，三名女研究生在买饭归来途中被一辆白色汽车撞伤，其中两名学生被撞后跌入路边约4米深的坡底夹道中当场昏迷，另一名学生左小腿骨折。事发时，白色汽车和蓝色出租车在学生放学就餐时间车速均过快，两辆车相互躲避，白色汽车不慎将两名女生撞飞。

某职业技术学院发生小汽车失控撞人事件，造成一死、六伤。据悉，该肇事车司机为学校工作人员，错将汽车油门当刹车，致使车辆失控冲向正对面的篮球场，并酿成惨剧。

近年来，随着社会的发展，高校内人流量、车流量也在急剧增加。许多高校老师拥有私家车，同学们上课骑自行车、电瓶车、摩托车，甚至公交车也开进了校园。但是，校园交通的管理却滞后于高校的发展，人车混行、人车争道的现象普遍存在。也许只是一个小小的意外，就可能造成严重后果，断送一个人的美好前程，甚至生命，给家庭带来巨大痛苦。在校园交通状况日益复杂的情况下，同学们做好校园内交通事故的预防工作，需要注意以下几点。

（一）针对校园内路面窄、拐弯多、人员流动大的特点，无论是步行，骑车、驾驶机动车，都要注意观察，缓速慢行，遇人避让，认真遵守学校交通安全管理规定。

（二）不要在路上，特别是拐弯处嬉戏打闹，禁止在路上练车、逆行、按喇叭等。

（三）无论是机动车，或是非机动车，都不得在校园内乱停乱放。

七、乘车遇到紧急情况时的应对措施

案例链接：

一辆从某市开出的旅游大巴在某高速路段发生交通事故后起火燃烧。大巴车载有57人，事故造成35人死亡、12人受伤。事发后有多名乘客表示，司机称大巴门打不开，率先从驾驶室窗户逃生，车上乘客有的砸开窗户逃生，没有逃出来的则遇难身亡。

一辆从某省某市驶往某市的长途卧铺客车途经高速路段时，车辆爆胎后冲出路外发生侧翻，该客车载有30人，事故造成26人死亡、4人受伤。据了解，事发时车上乘客多处于熟睡状态，未能及时逃生。事发后，曾有附近村民前来救人，但是发现车窗难以打开。

我们不希望外出乘车时发生紧急情况，但紧急情况有时不可避免。同学们乘车时如果遇到紧急情况，可采取以下措施进行应对。

（一）如果能提前一瞬间发现险情，就要紧握面前的扶手、椅背，同时两腿微弯，用力向前蹬地。这样即使身体受到碰撞，由于双手可以向前用力，撞击力会消耗在手腕和双腿之间，缓解身体前冲的速度，从而会减轻受伤害的程度，使身体不致造成重伤。

（二）如果车祸发生得十分突然，来不及做缓冲动作，坐在前排时要抱头迅速滑下座位，以防头部由于惯性冲向挡风玻璃。坐在后排时要迅速抱住头部并缩身成球形，这样可以减少头部、胸部受到的撞击。

（三）车辆撞损后会起火甚至发生爆炸，因此要尽快逃离车辆，必要时要用脚、肘甚至裹着衣物的拳头击碎车窗玻璃逃生。跳车时不要顺着翻车方向跳车，以防跳出车外被车体重新压上。

（四）若车辆翻转中感到不可避免要被抛出车外，应在抛出车厢的瞬间猛踏双腿，增加向外抛出的力量，以增大离开危险区的距离。落地时，要用双手抱头顺着惯性方向跑动或翻滚一段距离，以减轻落地时的反作用力。

（五）如果车辆发生火灾，应在可能的情况下积极帮助灭火，并立即设法尽快离开汽车，不要惊慌失措。

第四节　妥善做好交通事故的处置

同学们如果在校外或校内发生交通事故或者发现交通事故，要注意做好以下几个方面的工作：

一、发生交通事故后要及时报案

同学们无论在校内还是校外，一旦发生交通事故，首先要及时拨打"122"交通事故报警电话报案，千万不能与肇事者"私了"。若在校外发生交通事故，除及时报案外，还应该及时与学校取得联系，由学校出面处理有关事宜。拨打"122"电话报警时，要详细说明出事地点和时间、受伤或死亡人数及车辆的损伤等情况。如果肇事车逃逸，说清肇事车辆的车牌号或者车辆的车型、颜色等主要特征。最后，要注意留下你的联系电话和姓名。

二、注意保护好交通事故现场

事故现场的勘查结论是划分事故责任的重要依据。同学们在校内或校外发生或发现交通事故后，要注意保护好事故现场。可以利用手机、照相机、MP3等记录现场的声像、音频资料，记录的重点包括事故发生时的原貌、肇事的车牌号、肇事司机的体貌特征等。在任何情况下，同学们都不能乘人之危，私拿因交通事故抛撒在车上、路上的钱物。

三、及时控制住交通肇事者

同学们在校外或校内发生交通事故或者发现交通事故后，如无重大人员伤亡，一定要稳住肇事者。在交警未到之前,不要与肇事者发生争执。若肇事者想逃脱,一定要设法控制。若自己不能控制,可以发动周围的人帮忙控制。若上述办法都无法控制,也要记住肇事车辆的车辆牌号等特征。

四、及时妥善救助受伤人员

同学们在校内或校外发生或发现交通事故后,如有人员伤亡,要及时拨打"120"电话进行求助,必要时拦截合适的车辆将伤员及时送往医院。救助的同时,要保护好现场,防止因救助破坏原始现场。为抢救伤者,必须移动现场肇事车辆、伤者时,应在其原始位置做好标记,并特别注意现场伤情的处置,防止造成其他损伤。拨打"120"电话时,要注意讲清交通事故的具体地址,以及可联络的电话号码,尽可能说清楚伤员受伤的时间、受伤人数及伤者具体的受伤部位,伤员目前最危急的情况,如呼吸困难、大出血等,并询问救护车到达的大概时间,到什么位置接应救护车等。

知识链接:

外伤止血包扎的方法:止血包扎是交通事故中受伤人员自救和救助的基本措施,包扎得当,有压迫止血、保护伤口、防止感染、固定骨折和减少疼痛等作用。受伤人员不进行止血包扎或不为受伤人员进行止血包扎,则可引起持续性出血而造成死亡。①若是小伤口出血,且伤口内又无异物的,可采用局部按压法,用手帕、纱布等直接盖在伤口上用手压住,把伤肢放在高过心脏的位置,便能很快止血。或者用手掌稍用力拍打两脚的跟腱,各拍数次,亦能止住小伤口流血。②若是四肢有较大面积的伤口出现,可采用止血带或手帕、围巾等,用力绑在伤口靠近心脏的一侧。在止血过程中,要保持伤肢于心脏的水平线,严禁用泥土等不洁物撒在伤口上,以免造成伤口进一步污染。③若手头一时无包扎材料和止血带,在伤口的上方,即靠近心脏位置,找到跳动的血管,用手指紧紧压住。使用指压止血法时,事先应了解正确的压迫点,把手指压在出血动脉近端的临近骨头上,阻断血液运输来源,但是止血不易持久。指压止血的同时,应准备材料,换用其他方法止血。④若条件允许,有止血药物,可用药物等进行伤口止血。⑤包扎伤口时动作要快速准确,包扎不宜太紧或太松,包扎四肢时指(趾)端最好暴露在外面,打结处不要位于伤口上,不要压迫脱出的内脏,禁止将脱出的内脏送回腹腔内。

五、依法进行交通事故损害赔偿

案例链接:

某市某大学大三学生李某在离学校不远的一家店里打工。下班时,一辆重型自卸货车右转弯,与骑自行车沿路直行的李某相撞,造成李某当场死亡的重大交通事故。该事故经交警认定,重型自卸货车驾驶人承担该事故的全部责任。李某家人将肇事的驾驶员、车辆挂靠公司、实际车主及保险公司告上法庭,请求判决被告补偿各项经济损失 598 473 元，精神抚慰金 100 000 元。法院判决被告赔偿李某家人各项经济损失 650 000 元。

交通事故发生后，如果是车、物损失较小或人员轻微伤害的一般交通事故，经双方当事人协商，并且责任明确、争议不大，可以自行撤除现场，但事后应迅速到交通管理部门完善法律手续，依法保护双方的合法权益不受侵害。双方当事人不能自行协商处理的，要依据法律进行处理。报警之后，要协助交通警察收集各种现场证据，做好交通事故认定书。当事人收到交通事故认定书后，对交通事故损害赔偿有争议的，可以请求公安交通管理部门协助调解，也可以直接向人民法院提起民事诉讼。人的生命是坚强的，能够经得起大风大浪；人的生命又是脆弱的，当遭到灾难或伤害时，就会转瞬即逝。交通事故破坏了很多幸福美满的家庭，造成了很多瞬间阴阳两隔的人间悲剧。每一起交通事故的背后，都会留下许多伤心，都会留下无尽的懊悔。但愿同学们在一个个血的教训面前，感悟到生命的可贵，感悟到安全的重要，重视交通安全，遵守交通法规，维护交通秩序。

【思考题】

1. 大学生交通事故主要有哪些类型？
2. 发生交通事故的原因教训有哪些？
3. 外出步行时有哪些注意事项？
4. 骑非机动车时有哪些注意事项？
5. 在外打车时有哪些注意事项？
6. 发生交通事故后，如何妥善进行处置？

第三章
宿舍失火酿惨剧 防范措施要牢记

纵观高校宿舍火灾，多数是学生违反校园消防规定，违章使用电器引发的。不安全用电如乱拉乱接电源线、电线老化、违章使用大功率电器、使用不合格电器、电器长期处于运行或待机状态等情况都会直接导致火灾的发生，当然也有各种使用明火造成宿舍火灾的情况。

【学习目标】

1. 了解造成大学生宿舍火灾的原因。
2. 了解大学生宿舍火灾的严重后果。
3. 掌握大学生宿舍火灾的预防措施。

【典型案例】

案例一：某高校男生宿舍楼突然起火，猛烈的大火很快将整间宿舍烧个精光，所幸没有人员受伤。据调查，这个宿舍存在着私拉电线的现象，事发当天下午宿舍内的电脑又一直没关，电脑发热引发了火灾。

案例二：某学院女生宿舍楼寝室内起火，起火的主要原因是学生在宿舍违规使用"热得快"，致使水被烧干后热水瓶处于干烧状态、插座发热短路引起火灾。最终因寝室内烟火过大，4名女生被逼到阳台上，后分别从阳台跳下逃生，4人均当场死亡。

案例三：某高校女生宿舍楼一寝室突发大火，致寝室内所有衣服、棉被、书籍、床上木板及室内木制品全被烧毁。火灾扑灭及时，没造成人员伤亡。原因是宿舍无人时手机在充电，充电器发热引发火灾。

案例四：某高校一学生公寓宿舍发生一起火灾事故，致使配置给该宿舍使用的箱子架、物品柜等设施因火灾被损，另有价值5 000余元的学生个人财物被烧毁。经查，这起火灾事故是有插在主接线板的电热杯放在箱子架顶层，水烧干后自燃，并引燃临近的易燃品，最终酿成火灾事故。

案例五：某大学一女生在使用电热杯的过程中，因线路维修临时停电，她出门时忘了插在电源上的电热杯。十分钟后电来了,电热杯将水烧干,并将电热杯塑料底盘熔化。熔化的塑料所产生的异味被路过的同学察觉,及时报告了公寓管理员,才没酿成大祸。

案例六:某大学学生宿舍房间发生火灾事故,经查是电线插座短路产生火花引起的火灾,由于扑救及时,未造成大的财产损失。

案例七:某大学一教学楼正在装修的屋子突然失火,校方立刻疏散了在4层以上楼层自习的学生。消防队赶到后将火扑灭。据了解,起火的是屋内一柜式空调机,火灾中无人员受伤。

案例八:某大学学生宿舍发生火灾,房间内的财物被烧毁。经公安机关调查发现,起火的原因是由于房间内的饮水机没有水但继续通电工作,造成饮水机发热而发生火灾。

案例九:某大学一研究生宿舍发生火灾,失火原因为台灯使用时间过长引燃床单。同样,某大学医学部学生公寓楼发生火灾,原因为长时间使用白炽灯将周围可燃物引燃。

案例十:某大学新宿舍楼女生宿舍发生火灾,从小商小贩处购得的劣质电池充电器成为罪魁祸首。

案例十一:一高校寝室发生火灾,起火原因是该宿舍一女生在晚上11点学生宿舍熄灯后,在蚊帐内点蜡烛看书至凌晨一点,后因疲乏入睡,蜡烛引燃蚊帐,致使同宿舍两位同学被轻度烧伤,三床棉被及蚊帐等物品被烧毁的火灾事故。

案例十二:某高校体育学院的两名女生违反学生公寓管理规定,擅自在宿舍用酒精炉做饭。在添加酒精时发生意外燃爆,导致同宿舍的另一名同学烧成重伤,医疗费高达两万余元。

触目惊心的案例告诉我们,安全无小事,生命最宝贵,警钟要长鸣。在我们生活的校园,每一个不安全行为不仅会伤害到自己,而且可能会危及他人的生命财产安全。"关注安全,关爱生命"应做到"不伤害自己、不伤害别人、不被别人伤害"。从身边点滴的安全小事做起,自觉做到:

(一)不乱接电源,防止由乱接电源使电流过载导致的火灾。

(二)严禁使用破损的插头、插座等接线板,不购买和使用质量低劣的电器产品,一定要选用有国家认证标志的合格电器产品。

(三)不使用老化、接头处无绝缘胶布包扎的电线,不使用无插头的接线。

(四)不私自安装床头灯、台灯,不要将台灯靠近枕头、被褥和蚊帐等易燃物,保持安全距离,不用可燃物直接遮挡白炽灯泡。

(五)不违章使用电炉、热得快、电热杯、电炒锅、电饭锅等电热器具。

(六)做到人走灯灭,关闭电源,节约能源,消除隐患。

"隐患险于明火,防范胜于救灾,责任重于泰山"。实践证明,常见的电器设备等引起的火灾,如果使用者了解必要的消防常识,提高消防意识,是完全可以避免的。因此,我们每一个人都要自觉遵守国家的法律法规和学校的各项规章制度,积极地预防,采取有效措施整改各种安全隐患,共同创建一个安全、稳定、和谐的学习和生活环境。

第一节 大学生宿舍失火的原因

随着经济的发展，人们的生活水平越来越高，各种电器设施也逐步进入宿舍。由于学生宿舍是集体生活，物品摆放多而杂乱，可燃物也多，管理难度大，安全隐患急剧上升。

下面对一些现象做简要分析：

（一）私自乱拉电源线路。违章乱拉、乱接电线，容易损伤线路绝缘层，引起线路短路，从而引发火灾事故。

（二）违章使用大功率电器。大功率用电器一般容易产生高额的热量，不能及时散热的容易引起局部高温，使易燃物着火；而且大功率用电器同样对电线的负荷比较大，极容易引发电线着火。

（三）使用电器无人看管，人走不断电。很多大学生使用电器缺乏安全隐患意识，对可能造成的危害没有警觉，经常出现离开寝室时不断开电源，使电器处在自主工作状态。

（四）定时供电或因故障而停电引起火灾。学生使用电加热等电器时，遇到突然停电，电源插头未拔，就离开宿舍，来电时又不在宿舍，电器就会自动地长时间工作，从而引起火灾。

（五）线路短路引发火灾。当用电线路或者插板处发生短路时，会产生高额温度，造成周围易燃、可燃物失火，从而引发火灾。

（六）电器自燃引发火灾。电视机、饮水机、电脑、空调机等电器自燃引发火灾，绝大多数是因为通电时间长，引起电器内部变压器发热、短路起火。比如学生使用的交直流两用录音机，有些机器不带交流电开关，当插电使用时，总以为录音机开关已关，而不切断电源，实质上交流线路还在工作，长时间电源变压器处于工作状态，变压器聚热引起燃烧。

（七）乱扔烟头、躺床上吸烟。有些大学生染上不良生活习惯，喜欢抽烟，尤其是在宿舍躺床上抽烟，烟蒂不做处理，容易导致宿舍起火。

（八）寝室内点蜡烛。宿舍熄灯以后，大学生如点燃蜡烛看书，蜡烛容易倾倒或者燃尽时引燃其他易燃物，造成宿舍失火。

（九）电器照明或取暖引燃可燃物发生火灾。如：灯泡靠近纸张等可燃物，长时间烘烤易起火。

（十）使用假冒伪劣及不合格电器引发火灾。充电器长时间充电，又被衣被覆盖，散热不良，容易引起燃烧。

（十一）在电器散热装置上乱堆垃圾。大学生个人物件整理比较杂乱，把很多废纸垃圾放到空调外机上，造成散热装置不能正常工作，热量积累过高引起火灾等。

（十二）宿舍防火安全工作形同虚设。很多大学宿舍的消防器材和设施缺少定期的检查和维护，消防通道经常处于封锁状态，消防教育工作开展很少，当发生火灾时，大学生甚至不会正确地使用灭火设施和有效的逃生。

大学生宿舍发生火灾的原因多种多样，结合本章案例分析，无外乎人员的疏忽大意，电器电线的老化，可燃源与可燃物的过近接触，安全管理的漏洞等。希望大学生都能严格遵守各项安全管理规定，严肃对待宿舍不安全用电、用火的现象，排除安全隐患，杜绝宿舍火灾的发生。

第二节 发生宿舍失火事件的处置方法

为加强大学生宿舍的消防安全工作，提高突发性火灾事故的应变快速反应能力，完善安全事故问题的处理应对机制。根据《中华人民共和国消防法》第十六条之规定和《机关、团体、企业、事业单位消防安全管理规定》的有关规定，制订宿舍火灾处置方案。

一、指导思想

以进一步落实好学校宿舍安全、杜绝宿舍火灾为目的，深入加强学校人员应对突发事件的应急反应能力，完成好安全工作的落实。学校采取以领导干部带头，各级管理人员明确任务的方法，发挥好辅导员的职能作用，处置好宿舍火灾事件过程中的各个环节，从而保障宿舍内师生的人身和财产安全。

二、处置方案分析

（一）初级火警处置。

1. 学生宿舍楼内发生一般火情（相对较小）后，失火寝室的学生应迅速派人向所在寝室楼值班人员报告，并立即持楼层灭火器对初期火情予以扑救，楼层值班人员接到报告后应立即切断失火寝室的房间电源，同时向校保卫处和宿舍处理突发事件领导小组报告情况。

2. 宿舍管理人员应立即打开各安全出口大门，并马上通知各寝室学生及时从安全出口疏散，到场的领导小组成员应迅速组织人员利用现有消防器材予以扑救。

（二）火灾处置方案。

1. 学生宿舍发生火灾后，楼层管理员应立即通知学生宿舍处理突发事件领导小组成员，同时组织疏散工作，运用消防器材扑救，控制火势蔓延，并拨打"119"报警，报警时要讲清详细地址、起火部位、着火物质、火势大小、报警人姓名及电话号码并派人到路口迎接消防车。

2. 救火时不要贸然开门窗，以免空气对流，加速火势蔓延。

3. 宿舍室外着火，门已发烫时，不要开门，以防火势蹿入屋内。要用浸湿的被褥、衣物等堵塞门窗缝，并泼水降温。

4. 火灾袭来时要迅速逃生，不要贪恋财物。

5. 若所有逃生路线被大火封锁，要立即退回室内，用打手电筒、挥衣物、呼叫等方式向窗外发送求救信号，等待救援。

6. 身上着火，千万不要奔跑，可就地打滚用厚重的衣物压灭火苗。

7. 千万不要盲目跳楼，可利用疏散楼梯、阳台、下水管等逃生自救。也可以用绳子或把床单、被套撕成条状连成绳索，紧拴在窗框、暖气管、铁栏杆等固定物上，用湿毛巾、布条等保护手心，顺绳滑下，下到未着火的楼层脱离险境。

8. 学生宿舍楼一旦发生火灾，相关负责人员立即到达指定位置，由责任领导负责，各宿舍楼寝管组织人员疏散。学生干部或辅导员把住通道口，配合、组织引导学生疏散，避免冲撞、拥挤。

9. 保卫处和学校领导负责人通知各相关人员和相关单位负责人及时到位，同时安排人员及时疏通道路上的隔离墩和其他路障，保障消防车的行车路线畅通，并在门口和路口安排人员为消防车引路。

10. 紧急疏散顺序、路线。

（1）各学生宿舍撤离顺序由低层到高层，由前至后。

（2）火灾发生后由楼层负责人在火灾发生处组织学生有秩序的疏散。

（3）疏散过程中，学生应保持高度的冷静，有条件的用湿手帕、手巾捂住口鼻、防止烟尘吸入。

（4）学生撤离宿舍楼后，由一到两名负责人组织，迅速有序的到达指定空旷地带，远离火灾区域。

11. 消防车赶到后，专职消防人员应及时准确地引导消防战士就近找到水源，并介绍目前的基本火情，详细向消防队介绍失火宿舍的结构和居住的学生人数等情况，并配合公安消防部门进行火场侦查。

12. 注意事项及要求。

（1）不定时拉响火灾警报铃，（火警铃声：两长一短，三遍）当宿舍安全负责人听到铃声后，迅速组织该寝室楼学生撤离。

（2）各宿舍学生必须按指定路线撤离，听从指挥到达楼下远离宿舍处集合。

（3）同学们要随机应变，立即找一块湿毛巾、手帕、衣服等捂住口、鼻，低身迅速撤离。

（4）所有宿舍管理人员要恪守职责，尽全力保护学生，保持清醒头脑，根据情况灵活组织学生。不许学生逆行、抢行等，学生撤离后方可撤离。

（5）各寝室楼负责人在学生撤离后以最快的速度检查宿舍是否有未撤离的学生。

（6）各班级以宿舍为单位在指定地点集合后，迅速整队，清点人数，确保所有人员都成功撤离。

第三节　大学生宿舍失火的预防

大学宿舍发生火灾会对个人、家庭、学校造成难以估量的危害,让人追悔莫及。如何做到防止火灾发生,关键在于做好火灾预防工作。广大师生要认真贯彻消防法规,学习必要的火灾防范知识,自觉遵守消防安全管理规定,杜绝火灾的发生。

一、高校大学生宿舍内预防火灾的措施:

(一) 不乱接电源;

(二) 不乱扔烟头;

(三) 不躺在床上吸烟;

(四) 不在蚊帐内点蜡烛看书;

(五) 不乱堆积、燃烧杂物;

(六) 不存放易燃易爆物品;

(七) 不使用大功率用电器;

(八) 不擅自使用煤炉、煤油炉、液化气灶具等可能发生火灾的器具;

(九) 要做到人走灯灭,嗅到电线胶皮煳味,要及时报告,采取措施;

(十) 台灯不要过于靠接枕头、被褥和蚊帐等。

二、高校大学生防火的六要素

高校是人员密集型的场所,是学生的聚集地点,因而也是防火工作的重点,极易发生群死群伤的火灾事故,一旦发生火灾,极其容易造成重大人员伤亡,危害十分严重。火灾不可避免但是可以预防,学校防火工作有其特殊性,其预防工作要点可以归纳为以下几点:

(一) 学校教职员工、学生和进入宿舍生活区的人员应自觉遵守防火安全管理规定。

(二) 不在宿舍附近或宿舍楼内随意焚烧书本、垃圾等可燃、易燃物品。

(三) 严格按照规定使用、管理、销毁易燃、易爆等物品,不可随意将酒精等化学物品带入宿舍内。

(四) 当宿舍必须用火时,须遵守用火审批、管理制度不得随意动火,并配备必要的灭火器材。

(五) 在宿舍生活区内,不得乱拉临时线,不得乱设临时插座,不得使用电炉、电热水器等电热器具,不得卧床吸烟,不得熄灯后使用蜡烛,打火机照明,宿舍内不得存放、使用酒精、汽油等易燃、易爆危险品,不得在疏散通道内堆放物品和烧水做饭,安全通道门前严禁停放杂物等,自觉维护走廊内的消防设施。

(六) 加大防火知识宣传教育力度,营造安全防火的良好氛围,加强对师生们消防安全知识的教育培训。教职员工和学生应学习掌握基本的火场逃生知识和技能，学会正确使用各种消防器材，学会正确拨打火警电话，正确报知火警情况。

希望大学生明确学习目标和动机，意识到宿舍火灾的危害，认识到安全防火的重要性，自觉做到遵章守纪，当遇到火灾时，能果断正确地处置，将生命财产的损失降至最低。

人，最珍贵的是生命，人的生命至高无上，然而安全是幸福生活的重要保障。因此在学习生活中，我们要时刻敲响安全警钟，多一份安全思想，少一份事故危机。

【思考题】

1. 大学生宿舍主要起火的原因有几种？你身边的宿舍有哪些用电安全隐患？
2. 你所在的宿舍存在哪些火灾隐患？火警报警电话号码多少，需要拨打区号吗？
3. 不同类型的火灾应该采取哪种形式的灭火方式？
4. 当遇到宿舍起火时，该如何灭火？当火灾蔓延比较严重时，又该如何进行自救？

第四章
入室盗窃坏品行　得不偿失要警醒

近年来，大学生违法犯罪现象日益增多，给家庭、学校和社会都带来了巨大影响和严重危害。所谓盗窃罪是指行为人以非法占有为目的，秘密窃取数额较大公私财物，或者多次盗窃公私财物的行为。所谓数额较大是指盗窃 500～2 000 元以上，所谓多次盗窃是指在一年内入户盗窃或者在公共场所扒窃 3 次以上。在我国，盗窃罪是刑事案件中发案率最高的一种犯罪。而在大学生违法犯罪类型中，盗窃罪也是最普遍、数量最多的一种。据高等院校比较集中的北京、上海、西安地区的有关调查资料及典型安全通报表明，盗窃犯罪约占大学生犯罪总数的 50%。

【学习目标】

1. 了解大学生偷盗的主要类型。
2. 了解大学生发生偷盗事件的处置。
3. 了解大学生偷盗事件的预防和防范措施。

【典型案例】

案例一：刘某是一名在校大学生，是家中唯一的男孩，并有几位姐姐。家人一直对他十分溺爱，从小到大基本是有求必应，这也养成他大手大脚的习惯。上了大学后，刘某交了女友，零花钱远远不能满足日常开销。某年的国庆期间，他到一朋友家玩耍，离开时发现朋友邻居家一楼的窗户未关，一时恶念陡生，他爬窗入室，从这户人家盗得手机一部和几百元现金。初次作案后，刘某先是害怕，几天没敢出门，但等赃款挥霍一空后，刘某就开始寻找下一个作案目标，自此踏上一条不归路。刘某的作案时间一般都是傍晚，目标都是三楼以下住户，通过翻窗入室，盗窃受害人家中的现金、首饰、铜钱、外币、连号纪念钞等，其中有一家被盗现金两万余元。刘某的女朋友平时很喜欢打扮自己，偷来的钱财除了与朋友吃吃喝喝外，大部分用于给女朋友买衣服及化妆品。派出所民警将其抓获后经过调查审问，刘某先后窜至多个小区盗窃共作案 43 起，其中有一个小区作案 3 次。

案例二：某高校一女生宿舍被盗，丢失的东西包括：小哲的平板电脑，价值人民币

3 500元，小结的MP4，价值600元，小兰的耳机，价值288元，而同宿舍的小云却什么东西都没有丢。警方接到报案后，迅速展开调查。很快，小云发现事态严重，主动投案认罪，并将所有的物品归还。事后，经过调查得知，小云家庭条件优越。但是因为与室友相处不和，小云便想通过这样的方法"教训"她们一下。于是趁室友上课的时候，盗窃物品。

案例三： 某高校在校大学生宁某先后在校内盗窃他人财物，合计人民币8 970元。宁某因盗窃罪获刑一年七个月。宁某借着自己是本校学生的身份，悄悄进入某男生宿舍，将该宿舍学生闫某的数码相机偷走，价值人民币2 700元。宁某发现自己的偷盗行为未被发现，又动了歪心思，进入学生宿舍，偷走一部游戏机，价值800元。三个月后，再次盗窃学生新款智能手机一部。数月后宁某又盗窃学生移动硬盘一个和320元现金。最后，宁某被警方抓获，宁某归还了所有赃物，法院最后判决宁某盗窃罪，被判处有期徒刑一年七个月，并处罚金8 000元。

第一节　大学生偷盗的主要类型

大学生入室盗窃从传统"盗、抢、骗"犯罪开始不断演变，已经出现了入室盗窃多样化的特点，盗窃手法不断改变，高智商犯罪频繁上演。其犯罪方式有以下几种类型。

一、从大学生入室盗窃方式来分

（一）"快闪"作案式。"盗、抢、骗"流窜犯罪成为常态并逐渐向经济发达地区集中。目前，也有一些犯罪分子开始选择更大范围、更加迅速地跳跃式流窜作案，犯罪活动形成跨省界、跨区域，甚至跨国界的态势。该类案件中犯罪嫌疑人作案后迅速离开，并乘坐交通工具逃往外地。根据犯罪嫌疑人交代，他们外出作案时，通常会确定盗窃目标，然后按照事先规划的路线图，开车或乘坐火车沿途作案，完成目标后返回。大学生这类案件主要是发生在寒暑假期间。

（二）技术（插片）开锁式。这类入室盗窃因为现场翻动少、明显留下的可提取的痕迹物证少，居民一般难以发现，即使被发现，破案难度也较大。犯罪嫌疑人作案时，通常由两人协作，其中一人负责望风，另一人负责技术开锁，一旦发现异常，便立即躲避起来。这类入室盗窃通常主要作案手法为技术开锁、插片入室。犯罪嫌疑人通常会采取戴帽子、口罩、手套，破坏摄像机探头等多种反侦察手段来规避警方的打击，因此也给警方破案增加了不小的难度。

（三）内外勾结式。该类案件一般会用假身份证由一人或几人事先潜入欲盗窃的商铺、店铺内部打工，然后伺机作案。多人作案通常会留一段时间以方便内外配合，盗窃到大量财物后方离开。这类案件多因店铺管理人员对大学生员工录用时没有严格核实身份，甚至根本就没有实名登记，从而给犯罪嫌疑人留下可乘之机。

（四）溜门作案式。溜门作案是指由于受害人疏忽大意没有锁门或将钥匙插在门上忘记拔下来，而恰巧犯罪嫌疑人在伺机寻找作案目标时发现了机会，从而开门入室进行盗窃的方式，也包括犯罪嫌疑人事先通过各种理由进入受害人家中或店铺中的情形。这种情况下作案人一般是以顺手牵羊的方式窃取财物，作案后迅速离开现场。对于店铺来说，作案人通常会团伙出动相互配合，由其中一人吸引店主或员工注意，另一人进行盗窃，得手后先后离开现场，虽然一般能及时发现，但由于嫌疑人常常会选取闹市区或无监控区域，因此对犯罪嫌疑人去向难以把控。

（五）携带（持有）凶器作案式。有时犯罪嫌疑人会携带凶器，或者被发现后在现场获取凶器作案。如某市公安局两名民警在某街附近侦办一起入室盗窃案件过程中，与犯罪嫌疑人张某某（男，20岁，在校大学生）刚好相遇，民警立即进行抓捕。搏斗中，犯罪嫌疑人张某某持随身携带的刀具将两名民警和一名群众刺伤后逃跑，一名民警因伤势过重牺牲。该案犯罪嫌疑人就是事先携带凶器行窃的，这类盗窃犯罪嫌疑人胆大妄为，很容易转化成故意伤害或故意杀人。

二、从大学生入室盗窃心理来分

大学生入室盗窃行为，从概念上来说是非法占有别人的合法财物，但其主观因素是比较复杂的，不可一概而论。总体来说，当今大学生入室盗窃作案的主观心理大致有如下几种类型：

享乐型。用盗窃手段获得赃物，以求享乐，这是当前大学生犯罪的主要类型。他们在追求享乐方面突出表现在"五热"，吃喝热、交友热、旅游热、赌博热、上网热。

嫉妒型。有资料表明，少数大学生由于怀疑、嫉妒产生盗窃动机的也不少见。究其原因，大部分是羡慕其他学生的生活条件，衣物富裕时髦，以为这很荣耀，但自己又没条件，遂只好去偷。

法盲型。愚昧无知是众多社会青少年犯罪的主要特征。大学生文化水平较高，有一定的教养，但不都具备完善的法律意识，对法律宣传太薄弱，从而导致了不少大学生的法盲，使得一部分学生由于不懂法而误入歧途。

发泄型。一个人从中学进入大学，正是开始独立观察人生、社会的时期，他们往往缺乏辩证的观点，看问题直观而缺少思考，比较注意表面，而不注意本质，看结果而不看原因，因此社会上的一些腐败现象和不正之风也就在他们头脑中产生了强烈的映象，误认为这些现象是社会主义制度使然，从而妄图通过盗窃的手段来发泄反社会情绪。

第二节 发生偷盗事件的处置

在平常的生活工作中，对于大学生盗窃案的新闻或者类似的事件报道也是经常听到的或者是自己身边也亲身经历过的。根据相关的法律规定，盗窃金额达到500～2 000元的就是犯了盗窃罪。盗窃罪是指以非法占有为目的，盗窃公私财物数额较大或者多次盗窃的违法行为。

一旦出现大学生盗窃罪，一般有可能面临两种不同的处理结果：

一是受害一方报警，案件按照刑事诉讼规定程序进行，一些案件虽然因情节危害不大而会在人民法院判处罚金或缓刑，但是需要注意的是，一旦经历过这些，大学生不但要被贴上"罪犯"的标签，并且还要直接面临被学校记过或开除的局面。

二是学校的保卫部门发现后，按照学校学生管理规定来处理，学生将经过一系列的"审问"，接受退、赔、记过处分等后果，若情节严重者将会移交给公安机关。

《中华人民共和国刑法》第二百六十四条明确规定：盗窃公私财物，数额较大的，或者多次盗窃、入户盗窃、携带凶器盗窃、扒窃的，处三年以下有期徒刑、拘役或者管制，并处或者单处罚金；数额巨大或者有其他严重情节的，处三年以上十年以下有期徒刑，并处罚金；数额特别巨大或者有其他特别严重情节的，处十年以上有期徒刑或者无期徒刑，并处罚金或者没收财产。

那么作为学生工作者，既要安抚被盗的人，帮助找回丢失的东西，同样也要尽量维护一时糊涂犯罪偷盗学生的尊严，如果时间和机会允许要让其悄悄地还回所盗物品，也就是给他改过的机会，不让其颜面尽失，背上沉重的心理负担，以至于给他的成长经历蒙上阴影。

维护每一个学生做人尊严，让他们朝着积极正面的方向发展是学生工作者义不容辞的责任和义务。

第三节　大学生偷盗事件的预防和防范

入室盗窃不是简单的犯罪行为，而是一种社会现象，它是社会消极力量的表现。大学生犯罪同样如此，大学校园犯罪的增多是一种消极、反社会力量的表现，这种现象的存在和发展不仅是国家、高校和家庭对大学生培养所付出财力和心血的一种浪费，更重要的是，大学生犯罪现象的存在和发展，无疑会动摇社会主义事业后继力量，并且会影响到整个社会的精神风貌。

一、认真做好大学生入室盗窃预测工作

预防大学生入室盗窃犯罪，首先要做大学生犯罪的预测工作，因为入室盗窃犯罪预测是预防犯罪或重新犯罪的必要手段，大学生盗窃犯罪预测是制定大学生犯罪防控对策的前提和基础。从大学生入室盗窃犯罪防控的客观过程来看，犯罪预测是居首位的，没有犯罪预测，就无从谈起犯罪的预防和控制。预防和控制入室盗窃犯罪只是凭经验或感觉行事，靠"拍脑袋"制定决策的时代已经成为过去式,要做到决策的科学化和最优化,就必须认真做好犯罪的预测。大学生犯罪预测有利于提高犯罪防控方案制定的针对性和有效性,有利于防止突发事件的发生,有利于加强和促进大学生犯罪理论的深入研究,有利于对可能违法犯罪的大学生提前矫正。因此,我们必须高度重视大学生入室盗窃犯罪预测,建立起高校大学生犯罪预测部门,认真开展工作,提供科学、高质量的预测成果和方案,为大学生入室盗窃违法犯罪的预防和控制做出贡献。

二、净化大学生育人环境

大学生入室盗窃犯罪与不良的社会环境有千丝万缕的关系,大学生行为方式无不受社会的影响和制约。社会上出现的任何现象、思潮、行为方式,无不影响着他们的心理及生活方式,包括好的、正确的,也包括坏的、错误的。如果受后者影响、支配,大学生就会产生错误的心理、思想,就会做出错误的行为。

在家庭环境方面,上大学后,子女都已经成年,但来自父母和家庭的支持,仍对子女起着重要的作用。而且,父母也是子女遭遇挫折时倾诉和寻求慰藉的重要对象。在大学这个不同于中学新的环境里,父母或其他监护人应及时改变"成绩至上"观念,关注子女多方面发展,将对子女心理健康起到重要作用,从而降低其违法犯罪倾向。家庭环境对大学生违法犯罪的影响不是短期的,不是大学阶段才有的,它伴随着大学生成长的全过程。因此,预防大学生违法犯罪,必须从幼儿时家庭教育和良好的家庭道德形成做起。良好家庭道德建设方法的途径有许多种,古今中外都有可以借鉴的例子。总的来说,应从良好道德语言、道德行为、道德标准、道德习惯上去努力。

在学校环境方面,近年来大学生心理健康问题逐步得到重视。各大高校的心理咨询中心及其他心理健康活动组织也得到越来越多的重视和发展。在大学生心理危机出现时,这些专业机构的干预可以发挥巨大作用,从而消除犯罪动机,减少部分大学生违法犯罪行为。此外,高校需加强学风建设,营造求知互助、团结向上的学习环境,使学生成为有良知,有正确价值观和世界观的人。在教师方面,正所谓"传道、授业、解惑",要提高教师教学素质和道德水平,教书育人并举,率先规范。针对大学生法律意识薄弱的问题,高校可采取普法教育讲座、法律知识竞赛等方式,以提高大学生法律意识,最终达到"以法律为准绳,规范自身行为"的目的。

在社会环境方面主要包括社会风气和网络环境两个方面,对此,我们的高校需要承担起社会道德重建的任务,加强文化建设、树立榜样的同时,将社会主义核心价值观贯彻到行动当中。

三、高校要加强学习和日常管理

优秀的学生、良好的行为方式的培养和形成,不仅需要正确的引导教育,更需要科学的管理。如果在学习和学习管理上缺乏内在动力和外在压力,就很容易产生得过且过的心理,不严格要求自己而满足于60分万岁,这就很容易产生消极颓废的情绪,如此移情他物、寻求刺激,越轨行为就在所难免。大学生以学为主,如果不把全部或主要精力用于学业,必然走向"不务正业"之道。

　　众所周知,备受禁锢和自由过度是滋生犯罪的两大温床。由大学生自己支配的业余时间相对初中生、高中生来说要多得多,因此,如何合理利用这些时间,就成为校方和大学生自己应考虑的事情。加强大学生日常生活,特别是课外生活的计划性、科学性。要教育、积极引导大学生学会正确合理支配课外时间,充分科学运用它的价值,防止自流性、盲目性。引导他们把四年宝贵的时间和机会用于身心全面发展的有益活动中。校方要积极主动为大学生举办一些生动活泼、知识性强、趣味性浓,适合青年大学生特点的课外活动,坚决抵制腐蚀大学生灵魂的活动。

四、加强正面教育,树立正确的价值观、世界观、人生观

　　正面教育在预防大学生入室盗窃犯罪实践中起着重要的作用。首先是"认识自我"教育。如何认识和评价自己,对指导自己的思想和行动起着重要作用。因为有什么样的价值观,也就有怎样的人格模型以及思维行为方式。有的大学生考上大学以后,自认为了不起,有一种"万般皆下品,唯有大学生高"的感觉,自以为是,对自己的知识、学历、能力过度抬高,日益滋生一种个人主义,唯我主义的心态。有的大学生骄傲自满情绪严重,他们的日常行为态度与意识观念都是在追求一种超凡脱俗的人生境界。又有一些学生,潜心于自我设计,从事于实现自我价值的研究,谈自己的个人前程多,谈社会前程少。一些大学生认为社会总是与自己格格不入,于是他们便放弃了对社会的责任,同时也放弃了对自己的责任,甚至做出一些有碍于社会正常秩序的事。于是他们逐渐感到"孤独""失望",就不思进取、厌恶学习、厌谈理想,进而以打麻将,跳舞,寻求异性等方式刺激自己,在浑浑噩噩,懒懒散散中消磨时光,打发光阴。长此以往,意志消沉,精神堕落,形成了一种反社会的心理与情绪,违纪、违法、犯罪现象也就产生了。有的学生由于受到社会黑暗面的影响,形成一种否定一切的心理,从而放弃自己对社会的责任与义务,为了向社会索取而不择手段。只有正确地认识与评价自己,才能规范自己的行动,才能使自己的思想与行为不会与社会公认的生活准则相冲突。

　　大学生还应该树立正确的人生观。人生观教育内容是多方面的,它包括幸福观、道德观、法纪观、消费观、处世观、交友观、文娱观、劳动观等有关人生各个方面的观点、立场。我们大学生中的人生态度是纷繁复杂的,他们中有理想主义者、个人主义者、自由主义者、实惠主义者(功利主义者)、纵欲主义者。在不同人生观指导下的行为性质是不同的。因此要培养大学生正确的人生观,用科学的价值观、人生观指导自己的行为。

五、加强法制教育,正确处理大学生入室盗窃案件

　　入室盗窃的大学生法制观念淡薄,不知法、不懂法、不畏法以及少数目无法纪,把法纪和校纪当儿戏。所以,学校应把法制教育列入大学生教学计划中去,开设有关法律的必修课,利用党团组织活动进行普法宣传。要全方位,多角度,扎扎实实地进行法制教育,切忌走过场走形式。在教育内容上结合大学生的特点,注意运用大学生违法犯罪典型案例进行专题讲座,让他们了解一些与自己切身利益有关的法律知识,让学生认识到什么是社

会主义法制,如何运用法律手段保护自身合法权益,使他们通过学习,懂得只有维护社会主义法制、遵守法律,才能维护人民的正常生活、教学科研、和谐校园。教育学生明白破坏社会主义法制就是破坏广大人民的利益,诋毁自己的前途。只有这样,他们才会懂得法律确实是护身法宝,而不是与己无关,遥远的东西;法律不仅是惩罚坏人,更重要的是保护好人,从而树立牢固的社会主义法制观念。

六、加强大学生心理素质培养

大学生心理素质是导致大学生入室盗窃犯罪的另一个重要因素,因此加强大学生心理素质培养,开展心理咨询工作,使之形成一个良好健康的心理对预防犯罪很有必要。不同年级,不同来源的大学生的心理特点也不一样。

针对大学生不同心理特点,高校要有针对性开展心理健康教育,并及时了解掌握出现心理不健康同学的情况。在学生中开设心理卫生课,聘请心理专家,对学生进行心理咨询,对有病态心理的学生,要进行心理治疗,培养学生的健康心理,从而有效地预防心理犯罪。要教育他们正确地认识和解决学校、生活、人际关系中的问题和矛盾,引导他们如何处理人际关系,防止感情用事,激化矛盾。引导他们树立正确的友谊观,爱情观,不为一时哥们义气,干出"一失足成千古恨"的违法犯罪事情来,不能为了个人需要和欲望的实现而不受法律和道德约束。要使他们懂得自尊、自爱、严谨、稳妥地把握自己的感情。教师、辅导员还要经常对重点学生进行个别谈话,通过听取他们的诉求,给他们建议、引导,缓解其焦虑、排遣其苦闷、化解其矛盾,使他们认识症结所在,更好地适应环境。对于一些失败要耐心引导,正确对话,帮助他们认识社会种种矛盾所能引起的心理冲突,教育他们理智地去缓解这些心理冲突,以达至心理健康、理性成长的目的。

【思考题】

1. 开学第一周,宿舍发生盗窃,你应该怎么办?
2. 你认为大学生如何预防和防范偷盗事件?

第五章
夜不归宿犯校规　安全隐患莫轻视

由于大学相对较为自由，也不是每天都安排有课程，所以就有很大一部分时间供学生自己去安排，当大学生跨入高等院校后，大部分人认为从此前途有了保障，从而放松了对自己的要求，加上周边环境以及一些物质诱惑，导致一些大学生思想涣散，纪律松弛，自觉性和自我控制能力越来越弱，就会有一些学生出现夜不归宿的行为。但是大学生的生活阅历较浅、生活经验缺乏、法制意识淡薄，很容易突破道德的防线而走上歧途。根据教育部颁发的《普通高等学校学生管理规定》，出台了新的宿舍管理办法，对那些夜不归宿或擅自在宿舍内留宿校外人员的学生，将受到相关处分。

【学习目标】

1. 了解大学生夜不归宿的类型和原因。
2. 采取措施预防大学生夜不归宿。

第一节　夜不归宿的原因

【典型案例】

案例一：某高校4名大学生凌晨在一家网吧上网，两名陌生男子将4人威逼到网吧楼下一辆轿车上，并在车上对4名大学生实施了持刀抢劫。共抢走3部手机和300元现金。

案例二：某高校新生年仅21岁，与其他3名同学在网吧内通宵上网，突然间这名学生歪倒过去，同学立即对他进行心肺复苏，同时拨打120。最终抢救无效身亡，经诊断为心源性猝死。医务人员提醒，长时间上网、久坐不动，容易造成血管内栓塞，肺梗死，特别是在晚上熬夜上网，会导致神经持续兴奋易造成心律失常，网友连续上网玩游戏时间不宜过长，一般不要超过4个小时。

案例三：某大学大二女生郭某在出租屋被邻居钟某杀害，尸体抛弃在附近的垃圾场中。据当地居民介绍，该处有大量的民房都出租给了外来务工人员和大学生。

案例四：某大学学生在下雪天气外出聚餐饮酒，未按学校相关规定按时归寝，导致一名男生因醉酒在学校操场被冻死。

案例五：某大学一名学生因返宿舍时间超过学校规定时间，不敢寻求辅导员帮助，翻越学校院墙摔死。

以上案例可以总结出，大学生夜不归宿的借口主要包括以下几类：私自在校外租房居住、长期在校外兼职打工、网络成瘾通宵上网、与校内外同学或朋友外出娱乐、未履行请假手续回家或外出、酗酒等。但是，大学生夜不归宿又存在着潜在危害：

（一）直接危及学生本人的人身及财产安全。

（二）若因酗酒而发生夜不归宿行为，易发生打架斗殴、寻衅滋事等安全事故，容易造成人身伤害。

（三）若因上网而发生夜不归宿行为，危害学生本人身体健康，甚至可能出现猝死等情况。

（四）夜不归宿行为的发生，会受到相关校规校纪的处罚。

（五）部分网吧等娱乐场所中存在消防隐患。

第二节 夜不归宿的处置

2004年《教育部关于切实加强高校学生住宿管理的通知》指出：各地教育行政部门和高校要从维护稳定大局和推进高等教育事业发展的高度，增强政治责任感和现实紧迫感，把学生住宿管理工作作为学校教育和管理的重要组成部分，高度重视并切实担负起学生住宿管理的领导责任，将其列入高校教育管理工作的重要日程，作为学校的一件大事来抓，不能推向社会。

2005年《教育部办公厅关于进一步加强高校学生住宿管理的通知》指出：要加强学生宿舍和公寓的安全保卫工作，对极少数坚持在校外租房的学生，也要制定措施，力求做到相对集中管理，努力为学生人身和财产安全提供保障。

2007年《教育部办公厅关于进一步做好高校学生住宿管理的通知》指出：严格要求校外住宿学生的教育和管理。原则上不允许学生自行在校外租房居住。对特殊原因在校外租房的学生，要履行相关备案手续，加强信息沟通，严格教育管理。

学生未经批准夜不归宿、违反了校规校纪，容易导致意外事件的发生，对社会造成不好影响，特别是女同学外出更容易发生意外事故，对此，学校应高度重视这种现象，并从关心爱护学生的角度出发，坚持执行不准擅自夜不归宿的规定。三令五申学生必须严格按照学校统一分配的宿舍居住,不得擅自在外租房居住,未经学校批准,擅自在外租房居住或夜不归宿的学生应按相关管理规定受到严肃处理。学校作为学生的第一监管责任人,切实履行责任人的义务,加强学生夜不归宿问题的监管,对无故夜不归宿的学生及时掌握情况或通知其家长。同时,日常加强对学生进行思想工作和纪律教育,增强法制观念。

第三节 夜不归宿的防范

"学生晚归及夜不归宿管理规定"为进一步规范晚归及夜不归宿行为的管理,维护正常教学秩序和生活秩序,营造积极向上的学习风气和道德风尚,最大限度避免安全事故发生而制定。特对学生晚归、夜不归宿等违纪行为做如下规定:

(一)晚归的认定时间为22:30之后,所有住宿学生必须于22:30前返回学生宿舍,未能按时返回宿舍就寝的行为,视为晚归或者夜不归宿。

(二)夜间查寝后,未履行任何请假手续离开宿舍者,一律按夜不归宿处理。

(三)临时因特殊情况不能在宿舍住宿者,应提前到辅导员处进行审批,填写书面假条并由辅导员签字后,在当天查寝前交至班委处。

(四)学生因病造成的晚归、夜不归宿,在提交书面假条的同时,必须附上校医院或就诊医院的证明,否则按夜不归宿处理。

(五)应对宿舍的夜不归宿情况,做好平时的宿舍考勤工作,不要流于形式,以及时掌握类似情况的发生。

(六)事件处理结束以后,及时在班级进行事件的过程和处理结果的通报公示。

【思考题】

1. 大学生夜不归宿都存在哪些安全隐患?

2. 结合自己学校的实际情况,为预防大学生夜不归宿的安全隐患,可以采取哪些有效措施?

第六章
痴迷网络惨被骗　虚拟空间擦亮眼

随着网络技术的飞速发展，人类进入了一个信息时代。互联网已经渗透到社会的方方面面，给人们的生活带来了巨大变化。特别是对网络时代的大学生的影响尤为突出。网络是一把双刃剑，一方面，网络丰富的资源为大学生的学习和娱乐生活提供了便捷条件，激发了他们的学习兴趣和求知欲望，提供了他们接受多种教育和施展创新才能的环境；另一方面，网络也产生了一些不可忽视的消极影响，如使一部分大学生变得孤独冷漠、心理扭曲，有的甚至进行网上诈骗、非法交易，最后滑向了犯罪的深渊。如何让大学生既能有效地利用网络获取信息，又能避免其负面影响是大学生安全教育的一个重要方面。大学生由于迷恋网络所产生的一系列问题，已经成为教育界乃至全社会共同关注的问题，也是影响到我国将来发展的一个重大问题。

【学习目标】

1. 了解网络诈骗的几种类型和主要手段。
2. 了解遇到网络诈骗的处置措施。
3. 掌握防范网络诈骗的相关措施。

【典型案例】

案例一： 大学生小杨在使用某电商平台时，收到一条消息称"刷单可以挣钱"。她按照对方提示添加了某社交软件好友，对方让她刷一单试试。小杨第一单刷了98元，对方很快返了104元，相当于赚了6元。接着，对方叫小杨继续。小杨一口气刷了10单，共4 800元。然而对方迟迟不返款，事后她意识到被骗。

案例二： 来到大学之后，阿华便放松了起来，认为大学像其他人描述的一般"无限自由"，随时可以干自己喜欢的事情，他很快迷上了一款当下十分流行的网络游戏。由于该款游戏是网络付费游戏，他在一次支付数百元时，网页弹框提示支付密码错误，资金被冻结，需向另一账号充款一千多元变为高级会员以解冻。在"官方客服"对话框的诱导下，为了"赎出"之前的资金，阿华先后共向该客服提供的不同账号汇入达上万元之多。还在苦苦等待"客服人员"承诺第二天中午会把资金返回来的阿华，早上起床才隐约意识到自己有可能被骗了，随即打电话报警。

案例三：学生小兰，在上网时认识了一名网友，觉得彼此有许多共同之处，她被网友幽默、洒脱的语言风格所打动，经过一段时间的网恋后，竟然要退学去见网友，而且在去见网友之后，她模糊地意识到网友可能是无业闲散人员。随后在公安机关的帮助下被父母接回家中，但是她却不听父母对她的劝阻，离家而去。后经查证，小兰的网友为一个无业闲散人员，专门利用网络从事非法行为。小兰的班主任得知此消息后非常痛心。她说，刚入学时，小兰表现很积极，还凭借美术特长当上了宣传委员，可是，网恋让她不能自拔，不仅荒废了学业，还泯灭了亲情。

案例四：某大学计算机学院大二学生李某在周五下午课程结束后，顾不上吃晚饭，便和同学直奔校门外的一家网吧玩游戏。连续上网7个小时后，突然感觉头疼，口吐白沫，继而昏迷，最终导致"脑死亡"离开了人世。

案例五：某大学生薛某，沉溺网络游戏，花光了家里所给的生活费，身无分文，竟然试图用衣服裹着报纸声称是"炸药包"抢劫银行。薛某买了一堆报纸，用自己的衣服将其包起来，冒充炸药包，然后用手抱着走进某家银行，向柜台里的储蓄员赵某要了一张存款单，在背面写上几行字后递给赵某。赵某看存单上写有十万金额字样，颇感奇怪，就问了一句："你存多少钱？"薛某将"炸药包"往柜台上一放，然后伸出右手翻转了几下，示意赵某将单子翻过来。这时赵某才看到存单背面写着"打劫，不许报警，否则我引爆"的字样。赵某准备报警，薛某逃出大厅，随后，到当地派出所投案自首。

第一节　大学生遭遇网络诈骗的常见类型

一、利用社交软件盗号和网络游戏交易进行诈骗

骗子使用病毒程序破解用户密码，然后冒名顶替向失主的社交软件好友借钱，如果对方没有识别很容易上当。大家如果遇到类似情况一定要提高警惕，查清对方真实身份。需要特别注意的是一些冒充熟人的网络视频诈骗，犯罪分子通过盗取图像的方式用"视频"聊天，遇上这种情况，应先与朋友通过打电话等途径取得联系，防止被骗。

二、网络游戏装备及游戏币交易进行诈骗

伴随网络游戏产业的快速发展，近年来，针对虚拟网络游戏的诈骗案件不断增多，常见的诈骗方式有：一是低价销售游戏装备，犯罪分子利用某款网络游戏，进行游戏币及装

备的买卖，骗取玩家信任后，让玩家通过线下银行汇款的方式，待得到钱款后即不予交易；二是在游戏论坛上发表提供"代练"服务，待得到玩家提供的汇款及游戏账号后，"代练"一段时间后连同账号一起侵吞；三是在交易账号时，虽提供了比较详细的资料，待玩家交易结束后几天账号被盗走，造成经济损失。

三、网络兼职诈骗

该类诈骗打着"刷单不分地区时间就能赚钱，轻松自由"等口号，在搜索引擎键入"兼职""刷单"关键词，跳出的是这些诱人的兼职广告。殊不知，广告背后极有可能是骗子的陷阱。

该类诈骗起初一般会如约将刷单的本金和佣金打入兼职者账户，随着兼职者慢慢入套，刷单的金额越来越大，诈骗分子会以卡单、账户异常等为由无法将本金和佣金打入兼职者账户，后继续哄骗兼职者投入更多的资金用于刷单解锁账户。

四、网上中奖诈骗

是指犯罪分子利用传播软件随意向社交软件、邮箱、网络游戏用户等发布中奖提示信息，当事主按照指定的"电话"或"网页"进行咨询查证时，犯罪分子以中奖缴税等各种理由让事主一次次汇款，直到失去联系事主才发觉被骗。当登录社交软件、邮箱、网络游戏收到一些来历不明的中奖提示时，不管内容有多么逼真诱人，千万不能相信，更不要按照所谓的咨询电话或网页进行查证，否则将一步步陷入骗局之中。

第二节　网络诈骗的主要手段

（一）虚假中奖诈骗：冒充知名电视节目、网站发布中奖信息，诱骗"中奖者"填写个人资料，再来电要求支付领奖费用。若被怀疑拒绝，便宣称拒绝领奖需承担法律责任，对受害者恐吓、敲诈。

（二）冒充官方网站"钓鱼"盗号：使用制作逼真的网站页面，冒充银行、通信运营商、第三方支付平台、游戏充值平台，盗取卡号密码，使受害者蒙受损失。

（三）网络兼职诈骗：以帮网店"刷信誉"便可赚取佣金施骗。"兼职人员"需交纳培训费、垫付货款完成购买任务。由于受害者购物使用账号、密码均由"雇佣者"提供，货品会被诈骗分子迅速提走。

（四）网络游戏交易诈骗：诈骗分子针对游戏玩家的游戏充值、装备升级、账号转让等需求开设虚假交易平台，骗取充值金额，并不断以"保证金""解冻费"等为名连续施骗。

（五）虚假票务诈骗：以"低价""特价""票源充足"等为理由骗取网民票款的虚假

票务网站。常用"400"开头的客服电话或模仿正规网站页面设计等伪装。

（六）博彩预测、投资咨询诈骗：诈骗分子利用一些人渴求一夜暴富的心理，声称可对彩票、股票等投资活动进行精确预测，诱骗网民缴费入会，并不断巧立名目收费。

（七）冒充家电维修官方客服：发布假冒家电维修客服联系方式或建立假冒官方网站，在上门服务时以假冒伪劣产品骗取高额维修费用。

（八）冒充公检法诈骗：犯罪分子冒充公检法工作人员拨打受害人电话，以事主身份信息被盗并涉嫌"洗钱"犯罪为由，要求将其资金转入国家账户并配合调查。

（九）解除分期付款诈骗：犯罪分子通过专门渠道购买购物网站的买家信息，冒充购物网站的工作人员，声称"由于银行系统错误原因，买家一次性付款变成了分期付款，每个月都得支付相同费用"，之后再冒充银行工作人员诱骗受害人到ATM机前办理解除分期付款手续，实则实施资金转账。

（十）金融交易诈骗：犯罪分子以某某证券公司名义通过互联网、电话、短信等方式散布虚假"内幕"信息及走势，获取事主信任后，又引导其在自身搭建的虚假交易平台上购买期货、现货，从而骗取股民资金。

（十一）银行钓鱼网站诈骗：犯罪分子以银行网银升级为由，要求事主登陆假冒银行的钓鱼网站，进而获取事主银行账户、网银密码及手机交易码等信息实施犯罪。

（十二）低价购物诈骗：犯罪分子通过互联网、手机短信发布二手车、二手电脑、海关没收物品转让等信息，一旦事主与其联系，即以"缴纳定金""交易税手续费"等方式骗取钱财。

（十三）社交软件诈骗：利用木马程序盗取对方社交软件密码，截取对方聊天视频资料后，冒充该账号主人对其亲友或好友以"患重病、出车祸"等紧急事情为名实施诈骗。另外，犯罪分子还通过搜索某类人员"群"，以"某资格考试大纲文件"等为诱饵发送木马病毒，盗取财务人员使用的账号。

第三节　网络诈骗的处置措施

实施网络诈骗，公安机关立案后会采取技术侦查措施。技术侦查措施，是指侦查机关为了侦破特定犯罪行为的需要，根据国家相关规定，经过严格审批，采取一种特定技术手段。通常包括电子侦听、电话监听、电子监控、秘密拍照、录像、进行邮件检查等专门技术手段。

实施电信网络诈骗犯罪，达到相应数额标准，具有下列情形之一的，酌情从重处罚：

1. 造成被害人或其近亲属自杀、死亡或者精神失常等严重后果的；

2. 冒充司法机关等国家机关工作人员实施诈骗的；

3. 组织、指挥电信网络诈骗犯罪团伙的；

4. 在境外实施电信网络诈骗的；

5. 曾因电信网络诈骗犯罪受过刑事处罚或者二年内曾因电信网络诈骗受过行政处罚的；

6. 诈骗残疾人、老年人、未成年人、在校学生、丧失劳动能力人的财物，或者诈骗重病患者及其亲属财物的；

7. 诈骗救灾、抢险、防汛、优抚、扶贫、移民、救济、医疗等款物的；

8. 以赈灾、募捐等社会公益、慈善名义实施诈骗的；

9. 利用电话追呼系统等技术手段严重干扰公安机关等部门工作的；

10. 利用"钓鱼网站"链接、"木马"程序链接、网络渗透等隐蔽技术手段实施诈骗的。

第四节 网络诈骗的预防和防范

一、网络诈骗的预防

（一）不要随便泄露自己的电话号码及身份信息。现在是信息传翻速度极快的时代，很多不法分子利用各种手段窃取他人信息，以此为基础，通过电话、网络，伪装自己身份，骗取钱财。

（二）保持警惕。在收到不利于自己的信息或接到电话时，不要自己盲目行事，可以与家人沟通商量或到有关部门查询事情真伪，不轻易给陌生人汇款。

（三）切勿贪小便宜。在网上购物时，同一商品，有的卖家会用远远低于其他店铺的价格来吸引消费者眼球。很多消费者，因为看见价格低廉，就赶快买下商品，结果花了钱却迟迟不见快递的到来，其实这是卖家已经"注销"了，由此骗取钱财。

（四）网上兼职要谨慎。在社交平台中，总会流传着高薪聘请打字员、客服等消息，看到可以在家兼职，很多人都心动不已。但这些信息中很多存在令人争议的地方，在联系负责人时，切勿轻易交钱。

（五）不随意点开网站。有的危险网站，以夺人眼球的标题，吸引人们点击进入网站。其实，在点进网站那一刻，用户信息已经泄露，尤其是那些手机、电脑中信息较多的用户更需要注意。

（五）不随意扫描二维码，注册。现在街上时常会出现扫二维码赠送礼品的活动，很多朋友看到只是扫一下二维码就有礼品，觉得很划算，就扫描二维码并根据提示注册用户。其实，这是您的信息已经泄漏，给了不良分子可乘之机。

二、网络诈骗的防范

（一）网络交友需谨慎。网络的出现拓宽了人们的交往空间，很多大学生都会通过网络进行交往。在网络交友的过程中，交流的主体是人，他们在网络所营造的空间中彼此进行交流与沟通。网络交友主要通过两种方式进行：一种是使用社交软件来进行；另外就是通过一些专门的交友网站或网页来实现。网络交友具有虚拟性、开放性和隐蔽性的特点。虚拟性是指交流的双方或多方是在由互联网信息所营造的空间内进行的，在这一虚拟的空间中，交流的人不需要彼此熟悉、相识，更不需要相见，彼此可以相对自由地进行思想和语言上的沟通；开放性是指互联网可以把全世界的计算机连接起来。因此，不同地区、不同年龄、不同身份的人可以利用网络打破地理空间的限制，在同一时间段进行信息的获取与给予；网络交友的虚拟性决定了它的隐蔽性，因为是在虚拟的空间里，所以互联网的使用者在交往时，很少用自己的真实身份，而且在交往的过程中，往往也难以对对方的真实身份进行确认。许多大学生通过网络结识了一些全国各地志同道合的朋友。但网络交友这种方式常被不法分子利用。他们以网络交友为幌子，从事着盗窃、诈骗、抢劫、强奸等犯罪活动。现实生活中，大学生因为网络交友而上当受骗的屡见不鲜。

（二）网络购物防骗局。网络购物是消费者通过网络实现的购物，这种购买方式，与传统的购物方式相比，具有如下特点：商品信息的收集更加深入和全面，网络商品信息查询不受外界干扰，不受空间距离影响；能节约消费者的时间成本和体力成本，节省时间、操作方便是用户进行网络购物的重要原因；消除了消费者与商家面对面的冲突，网络购物使得消费者可以免除与销售人员面对面时所产生不愉快而完成购物。但网络购物也存在一定的风险，如商品投递安全问题、商品质量安全问题、交易安全问题、支付安全问题、隐私安全问题及售后服务安全问题等。因此，同学们在进行网络购物时一定要注意防范风险。

对于网络的使用，大学生应扬长避短，利用网络来开阔视野，增长知识和扩大交往面，而不是将自己与现实隔离，发泄情绪。同时要学会自我调节，不宜过分投入。大学同学、朋友之间在电脑上网使用方面应相互关心、相互制约。

大学生经常与网络打交道，在饮食方面要注意多吃胡萝卜、鸡蛋、瘦肉、动物肝脏等富含维生素和蛋白质的食物，并适当地喝些绿茶，以防上网过度时电脑辐射对人的身体产生危害。

大学生要加强自身的自律性培养，严格控制上网时间，多参加学校组织的户外集体活动，加强身体锻炼，保持正常而有规律的生活作息时间。

大学生主要应对的网络犯罪危机包括：网络交友陷阱、网络购物陷阱、网络游戏陷阱、不良信息的诱惑、网络"黑客"等网络伤害。下面分别阐述几种危机的应对办法。

【思考题】

1. 什么是网络安全？网络安全技术需要的对象包括哪几类？
2. 目前网络上通常存在哪几类网络安全威胁，这些网络威胁的特征是什么？
3. 如何理智判断手机上的信息？

第七章
渴望成功入传销　丧失自由丢钱财

【学习目标】

1. 了解大学生容易陷入传销的原因，以及其背后的安全问题。
2. 学习大学生陷入传销组织后的自救办法。
3. 掌握如何预防和防范误入传销的方法。

【典型案例】

当事人基本情况：

李某，某校大四男生，家庭经济情况一般。家庭关系和睦，个人学习成绩一般。事发之前，对于大学生活适应良好，富有激情，对未来工作充满期待。渴望锻炼，渴望拥有傲人的事业，渴望得到众人的肯定与关注。希望寻找各种机会提升自己的能力，与社会接触，为以后就业打下基础。

事件经过：

某日，大四毕业生李某与高中同学张某外出吃饭，张某利用其即将毕业，求职心切的心理，以介绍工作为名，将李某骗到一个偏僻乡村，以学习"网络直销知识"，参加入职考试为由限制了李某行动，控制了李某的电话，李某无法随意接打电话，并且有人跟随监视，此时李某意识到自己可能陷入了传销组织。

当辅导员老师和李某宿舍同学发现其未按时返校时，数十次给李某打电话，发现其语气与往常有异，怀疑其可能遇到危险，并警告李某身边人员，校方已报警，要求立刻送其安全回校。另一方面，辅导员通过李某家长联系到张某父亲，说明了情况，张某父亲事先并不知道儿子进入传销组织，在得知事情真相后开始不断联系张某，要求他马上送李某回校，张某因家中压力发生动摇。加上李某回校意志坚定，不肯妥协，传销组织人员被迫不得不将李某送至火车站，放其回校。

案例分析：

在本案例中，李某最终能够逃离传销组织，回到学校继续学业，主要原因有以下三个

方面:

一是李某对传销组织有一定的认识,了解其危害性和违法性,在意识到陷入其中后,能够坚决抵制加入传销组织。

二是学校老师和同学反应迅速,在发现异常问题后,及时报警寻求帮助,不放弃与学生的主动联系工作,采取了适当措施以推进搜寻救助工作的进展。

三是李某和张某的父母对传销组织有一定的了解和警惕性,在情况发生后能积极配合学校和警方的工作,共同展开救助工作。

此案例中的李某是幸运的,在多方通力合作下,成功逃离传销组织。但纵观整个案例始末,作为高素质的大学毕业生,李某如此轻易地走入了传销组织并险些造成严重后果,传销组织对社会危害深重,一个个惨痛的事例告诉我们,传销离大学生并不远,我们要深刻地意识到:打击传销除了政府部门加强监管外,社会力量也是不容忽视的。反传销需要全社会的关注和参与,需要政府的支持,更需要广大有社会责任感的群众一起站出来。培养大学生作为反传销新力量,是解决当前高校学生误入传销陷阱的有效途径。

传销对个人、家庭、社会都存在巨大的危害,由传销引发的杀人、抢劫等暴力刑事案件每年都有发生。同时,因传销引起的夫妻反目、父子相向,甚至家破人亡的惨剧,给不少家庭造成巨大伤害,动摇社会稳定。另外,传销活动严重扰乱市场经济秩序,扰乱社会治安秩序,严重影响群众的正常生活秩序和生命财产安全,甚至危害国家安全和政治稳定。

【法律链接】

很多传销组织者在进行传销时,便有意混淆传销与直销的概念,使人上当受骗。其实,传销与直销有着本质的不同:

《直销管理条例》对直销的定义为"直销,是指直销企业招募直销员,由直销员在固定营业场所之外直接向最终消费者推销产品的经销方式。"

《禁止非法传销条例》对非法传销的定义是"组织者或者经营者发展人员,通过对被发展人员以其直接或者间接发展的人员数量或者销售业绩为依据计算和给付报酬,或者要求被发展人员以交纳一定费用为条件取得加入资格等方式牟取非法利益,扰乱经济秩序,影响社会稳定的行为"。

首先,传销都有高额的"门槛费",而直销却无须交任何费用;

其次,传销是以直接或间接发展的人员数量为依据计算和给付报酬,也就是人们常说的"人头费",而直销则是销售产品;

其三,传销没有"退货"一说,即一旦加入后就别想再拿回所缴的钱,而直销则不同,如果对销售的产品不满意,可找厂家或商家"退货"。

第一节　大学生陷入传销的原因及暴露的问题

【典型案例】

李某被传销组织人员陈某以招聘为由骗至某传销组织,该组织的"寝室长"艾某某指使陈某某、张某等人采用锁门、跟随看管、控制手机限制其与外界通话等方式限制李某人身自由。次月,胡某接替艾某某成为新"寝室长",继续安排人员对李某进行看管、限制人身自由。李某被转移至该传销组织其他寝室。次月,李某的尸体在一处水坑内被发现。经检验,李某系溺水死亡。

随着李某之死,"传销"又一次引发公众关注,触痛公众的神经。近年来各地公安、工商等部门多次重拳整治非法传销,取得了不少成效,但传销依旧难以绝迹。近日就有媒体报道称,某地同样也有一名大学生,被学校同学以暑假打工为由骗至外省,深陷传销组织,并最终溺亡。目前当地警方已对5名犯罪嫌疑人依法刑拘。

大学生传销问题的严重性已远超许多人的想象。在民间的"反传销咨询救助网"上,甚至专门有一个"大学生专题",罗列全国各地大学生陷入传销的有关报道,每个月都有好几起。其原因分析及暴露的问题如下。

一、传销组织的骗术不断升级

传销招聘是传销集团拉人入伙的首要方式,作为一个大学生,很难不与实习、兼职、应聘打交道。而由于社会上优质职位有限,绝大部分大学生应聘的职位只能是自己此前不熟悉的职位。而且,自己的简历也很容易被传销骗子掌握。除了以发财、赚钱为名义的就业传销欺诈,还有很多新型传销则打着"互联网+""国家工程"的旗号迷惑人。例如,一些传销组织假借"互联网+""大众创业"旗号,把一些重要人物活动报道嫁接到传销宣传中,以"互联网金融"的名义骗钱。

二、大学生防范意识薄弱

很多大学生初出茅庐,渴望发展一番事业回馈家庭,但当前社会就业形式较为严峻,竞争激烈,与大学生的期望值有一定的差距。加之自我防范意识有所欠缺,在就业选择的过程中,只关注找一个好工作,却降低了自我防范意识。对"一夜暴富"这样的迷惑难以抗拒,我们称之为出现"被害人盲点"现象,即过度关注某一事项,降低相关事件的防范意识。

三、学校宣传教育缺位

据媒体报道,在众多陷入传销的大学生中,有相当一部分是正规高校的本科生,这些大学生多数是想找份好工作,或者想减轻经济压力找兼职而被骗入传销组织的。由此暴露出高校在就业指导和学生管理方面的不足,高校就业管理部门与班级辅导员对学生的日常管理和就业指导不够。

第二节 大学生陷入传销如何处置

【案例链接】

某市公安局110接群众报警称,有人落水。接警后,派出所民警迅速赶到现场,组织开展搜救,并将与林某同行的许某某、郭某某和谢某某等三人带回派出所询问。鉴于三人言行存在诸多疑点,警方随即组织专案组开展侦查。经查,林某经校友卿某某(已退学)介绍,被许某某等人纠缠劝说其参与传销活动。许某某、郭某某和谢某某与林某行至直河岸边,继续劝说林某参与传销,林某情绪激动跳入河中溺亡。经审查,许某某等三人对限制林某人身自由的犯罪事实供认不讳,被警方依法刑事拘留。经进一步侦查,查明该传销组织者余某某等人已潜逃至某县。专案组民警迅速赶往某县,在当地警方大力配合下,专案组民警一举查获一个传销窝点,将余某某、卿某某抓获并依法予以刑事拘留。

发生这样的悲剧令人非常悲痛,案例中林某是一个非常清醒、勇敢的学生,一直和传销组织进行斗争,但是在试图脱困的时候,她采取了一种极端危险的方法,这种方法本身是不能被鼓励的。如果陷入了传销组织的控制,该采用如下方法。

(一)记住地址,伺机报警。要掌握自己所处的具体位置,如楼栋号、门牌号,如果没有这些,可看附近有没有什么标志性的建筑,暗中记下饭店、商场等名字。如果能发短信或打电话,可偷偷报警,或告知自己的亲人或朋友,叫他们帮你报警。

(二)外出上课学习的途中逃离。传销组织每天都有一些户外活动,在这个过程中随行的人相对较少,便于逃离。而且在大庭广众之下,便于寻求别人的帮助。在外出后,要抓住时间逃跑,在经过一些机关单位、企事业单位时,跑过去向保安或工作人员求助;提前写好求救纸条假装买东西等和钱一起递给对方,让对方帮助报警;跑向人多的地方高声向路人求救,不要对传销组织有恐惧心理。

(三)装病,寻找外出逃离的机会。如果传销组织控制比较严,外出的机会很少,可以想尽一切办法,找到外出的机会。装病是个好办法,在平时聊天的时候透露出来,有些以招聘方式骗人的组织,会在前期对被骗人的健康情况进行问询,可以解释为之前得过传染病暂时控制住了,现在又发病了,脱困的希望很大。总之,最终让传销组织同意外出就医,找机会逃离。

（四）从窗户扔纸条求救。如果实在找不到逃跑的机会，可以偷偷写好求救纸条，为引起注意，可写在钞票上，然后趁人不备，从窗户扔下。

（五）骗取信任，寻找逃离。伪装、骗取传销组织的信任，让其放松警惕，然后再寻找机会逃离。一般在初期传销组织不会采取暴力手段，这是获取信任的最佳阶段。

绝大多数传销组织成员深陷其中，无法自拔的根本原因，都是没有清晰地意识到传销的非法性质，被各种形式和手段洗脑，输给了自己的贪欲，所以时刻警惕自己内心的贪欲，才是摆脱传销组织的心理基础，当意识到自己陷入传销组织后，在珍爱生命的同时，一定要机智勇敢地去对抗。

第三节 传销的预防和防范措施

现在很多大学生未毕业就开始急于找工作，通过自己的努力赚钱来养活自己，很多传销组织都会利用大学生求职心切、渴望成功的心理进行诈骗。

一、识破传销组织惯用运作套路

（一）利用熟人邀约。常通过熟人（多利用亲属、同学、朋友、老乡等身份）用上门拜访、信件、电话、网上交流等方式以"介绍好工作""过来玩玩"等借口将受害人骗至指定地点（非法传销组织据点）。

（二）洗脑。以给受害者一个由头让其坚持在第一天的课堂上待下去。一般新人到达的当天或第二天就会被骗进课堂，课堂上马上混淆视听地灌输该行业的合法性、项目背景、发展前景；然后故意营造一种受害者被重视的假象，所有话题都是以受害者为中心。

（三）说穿。此过程为传销组织惯用的伎俩。避免新进人员之间的相互交流；常讲所谓的"付出"理论；常灌输"领导叫干啥就干啥，不问为什么""不听消极的话"；常喊所谓"悟"理论的口号；不想加入就是没事业心、没胆量，向家里要不来钱交"上线款"就是没能力、没本事。

（四）帮助发展下线，将坑害扩散化。当缴纳了"上线款"，也就真正加入了传销组织，成为其中一员。这时，无论出于被蒙骗还是仅仅出于发财的目的，受害者会搜遍朋友熟人圈子，把所有这些人的联系方式和背景资料交给自己的"领导"，由"领导"去甄选发展目标，实施新一轮的欺诈循环，将坑害扩散化。

二、传销的防范措施

近年来，大学生上当受骗陷入传销组织的事件日益增多，不仅对学生本人身心健康造成巨大伤害，影响和荒废了自身学业，更是给家庭和社会带来了巨大的伤痛和经济损失。作为培养国家人才的高等学校，要加强对大学生的自我防范教育，自觉远离传销，防止此类事件再次发生。

（一）加大思想教育，强化法制意识。想要从根本上预防大学生进入传销，思想教育必不可少。辅导员、班主任通过组织开展思想政治课程和相关讲座，有针对性地开展思想道德教育，帮助大学生树立正确的人生观、价值观和世界观。高校辅导员也要在教育方式上不断创新，将思想教育融入到校园文化建设中，以学生喜闻乐见的形式呈现出来，使学生在潜移默化中筑牢思想防线。高校也可适当开设面对所有学生的法律法规选修课，以《刑法》《直销管理条例》《禁止传销条例》等法律法规为重点，并通过校园广播、宣传栏等不同方式多渠道开展法制宣传活动，帮助大学生了解相关法律知识，增强法律意识，认识到传销活动的危害，在校内形成自觉抵御传销的良好氛围。

（二）树立正确择业观、财富观。大学生在求职期间，容易被传销分子鼓吹的"高薪工作""轻松创业"所迷惑，一方面是因为传销分子利用了大学生求职心切的心理，更多的是揭示了当前高校仍然缺乏全面有效的职业生涯规划和就业指导教育，使学生不能对个人能力有准确的定位。高校教师应有意识的将对学生择业观的教育融入日常教育教学中，不断引导学生正确认识社会，立足自身实际情况，合理规划职业生涯。在大学生求职离校前的一段时间，集中开展理性择业、如何有效规避求职风险等系列教育，引导大学生端正择业态度，着眼于当前社会的需要，选择最适合自己的职业，更好地实现自己的人生价值。高校应在大学教育中倡导勤劳致富等传统美德，教育大家要理性地对待那些一夜暴富的传奇故事，同时组织观看传销案例，打破传销致富的神话，提高大学生对传销的免疫力。

（三）健全管理体系，构建安全防护网。加强对学生的日常管理，确切掌握离校学生的具体动向。一是进一步严格请假和考勤制度，学生在校期间，应从严掌控请假，对假满未能按时到校的学生，应及时与学生本人和家长联系，了解核实情况；二是利用现代化媒体工具，建立快捷通畅的联系平台，以宿舍、班级为单位的安全信息反馈小组，充分调动学生干部参与到安全防范工作中，随时掌握学生的动向；三是特别关注正处在社会实践、实习和求职中的学生，采取及时联系、定期反馈情况，并与家长保持沟通等方法，加强对这部分学生的教育和管理，确保学生在校外活动期间的安全。

（四）加强"双创"型人才培养，解决大学生就业难问题。大学生社会经验缺乏，对未来就业迷茫才更容易"失足"陷入传销组织，所以高校在实施教育过程中，应加大创新创业教育，让大学生对未来有一个清晰的职业规划，从根本上杜绝传销在大学生中传播。首先，高校应准确把握国民经济和社会发展趋势，根据经济结构，产业结构调整和就业市场对人才的要求，结合学校办学定位和办学条件，及时调整人才培养结构和模式，使所培养的毕业生能够适应当前和未来的社会需求。其次，要搭建和拓展创业教育平台，优化大学生就业指导模式，为大学生提供及时、专业的就业咨询服务，还应积极与企业合作，建立大学生就业实训基地等。

本章通过时事热点案例，引发人们对大学生为何容易误入传销组织的思考，主要从大学生容易陷入传销的原因，陷入传销的处置方法和如何预防防范误入传销三方面进行阐述，旨在教育大学生如何辨别传销，提高警惕，与不法分子做斗争。第一节讲述大学生陷入传销的原因及暴露的问题，由于传销手段越来越多，越来越难以防范，大学生有满怀激情地准备投入社会做一番事业，很容易被传销分子利用；第二节讲述大学生一旦发现自己误入了传销组织，该如何展开自救，帮助自身脱险；第三节讲述如何识别传销组织的一贯伎俩，学校该如何避免大学生误入传销。希望大学生通过本章学习，意识到传销组织的危害，远离传销，坚决抵制传销行为，用勤劳和智慧创造财富。

【思考题】

1. 当落入传销组织后，该如何展开自救？
2. 传销的运作是什么？如何进行识别传销行为？
3. 案例分析。

某校学生张某（男），接到其高中女同学的信息，双方聊天很是投缘。因两人两年未见，该女生邀请张某暑假到某市游玩，并一起找一份兼职工作。暑假开始张某应约到某市，两人在游玩一天之后，女生提出到其家乡城市找工作，张某被女生的真挚感情打动，同意一同前往。两人到达后，张某被带到了一个居民小区，随即手机笔记本电脑等被没收，开始"上课"，并被限制自由。张某感到被骗，要求带女生离开，遭到女生拒绝，在传销组织的威胁下张某告知家长，称自己在深圳某集团上班，向家里索要2 000元生活费。张某假装安定下来，20多天后张某和另外几名"组织人员"被派到火车站接新来找工作的学生。到火车站约凌晨四点，张某感觉饥饿去超市买东西，立刻从超市侧门逃走，并立即跑到火车站执勤民警岗亭处，向警察说明情况，并联系了家长和辅导员。张某在电话中提出要回去解救与其同行的女生，被辅导员制止要求他立刻买火车票离开，并报警处理。

（1）该案例中张某为何会陷落传销组织中？

（2）该事件暴露了张某所在学校在防范传销行为上存在哪些教育和管理的漏洞？

第八章
抑郁失恋闹轻生　心理问题要辨明

　　抑郁症是涉及生理、心理、社会环境等多因素影响的一种心理疾病。抑郁症的外在表现主要为情绪低落、兴趣减退和消极悲观等。如果在此情绪上失恋，会导致人的思想不受控制，产生过激行为，进而引发轻生的想法。由于抑郁症会使人心情低落，意志减退，严重的患者会过于消极悲观，很容易产生轻生念头，最终导致一系列悲剧的发生。

【学习目标】

1. 了解大学生常见的心理问题。
2. 掌握大学生常见心理问题的疏导方法。
3. 结合生活实际，采取有效措施预防大学生心理问题的发生。

【典型案例】

　　案例一： 某大学一名女生从女生宿舍楼7楼坠亡，调查发现该女生轻生的原因是舍友抢了她的男朋友。某大学一名大二男生从学校宿舍7楼坠下身亡，调查发现该大学生自杀原因是愚人节女友提分手，由于接受不了此刺激而跳楼。

　　案例二： 某高校男生公寓5号宿舍楼，一名男生从4楼跳下。医护职员赶至现场施救时，跳楼男生已不治身亡。得知跳楼者死了，一名女子趴在死者身旁痛哭不已。据称，跳楼者是该校大一学生。轻生的原因是前不久与女朋友产生矛盾导致过激行为。

　　案例三： 某高校女生黄某某被舍友发现在宿舍内上吊自杀身亡。对于女生上吊的原因，一位知情女生表示，黄某某生前留有一封遗书，主要内容就是两周前与恋爱两年的男朋友分手。

　　案例四： 张某（男）和李某（女）是一对情侣，两人都是大四的学生，今年面临毕业，张某忙着考研复习，李某忙着找工作。因为再有两个月就要进行研究生考试，而且张某非常希望能够考上研究生进一步提升自己的学历，遂决定将主要精力放在学习上，提出与李某保持距离。本来就因就业压力过大而情绪不稳的李某，一听说和自己谈了四年恋爱的男朋友要和其分手，一时想不开，于是就产生轻生的念头。当天下午女生喝了很多酒，一人回到宿舍之后爬到六楼楼顶，哭着喊着要跳楼。幸亏被本班同学看到，随立即告知辅导员。两名辅导员立刻赶到现场，经过两个小时劝说、聊天，顺利将李某劝下并带回宿舍。

第一节　大学生常见的心理问题

大学生的身体正处于发育的重要阶段，生理和心理都尚未成熟，心理、情绪波动较大，其行为习惯、生活方式、健康理念、心理承受能力也处于日趋成熟的重要时期。一些学生因为苦无良策或处理不当，而陷入痛苦焦虑、失望和困惑之中，有的甚至表现出激烈或异常的行为，如果处理不当，对大学生的心理健康难免会造成不良的后果。如何引导他们成为德才兼备、情智协调、身心健康、全面发展的专业人才，是当前大学教育所面临的重要课题。加强心理健康教育，是提高大学生心理素质、培养全面发展人才的重要途径。常见的大学生心理健康问题如下：

一、适应性问题

每个人在人生发展的特定阶段，都会遇到一些事情让他产生一些不良情绪或心理上的困惑，我们把这种常见的、人人都会遇到的、随着年龄的增长问题会逐渐解决或缓解的一系列问题称为"心理不适应"。大学生常常由于环境的改变和情感的挫折产生困惑，有时陷入难过、悲伤、愤怒、无助的情绪。"心理不适应"类问题的主要症状集中在情绪的不良状态，一般不良情绪不超过两个星期。

二、新生不适应

当代大学生为了在激烈的高考竞争中取胜，几乎全身心投入学习，一旦从中学到大学的环境发生了改变，离开了长期依赖的家长和老师，面对新的集体，新的生活方式，新的学习特点，一些学生出现了独立与依赖的矛盾。有的学生来到这个新的环境后，会发现原先的预期与现实的大学生活存在较大差距，他们有的在学习上存在困难，有的对专业的满意度不高，有的缺乏独立生活能力，有的因地域差异而觉得与现实环境格格不入，有的面对内容丰富的大学社团活动不知如何选择，有的在完成进大学目标后暂时丧失了新的学习和生活目标等，总之，由于个体适应能力差异，其中一些大学新生会出现因环境变化而造成的适应困难，进而情绪低落，出现心理问题。

"新生不适应"问题若未得到及时处理，有可能发展成较严重的心理问题，如神经衰弱、焦虑症、抑郁症、网络成瘾等。

三、情感问题

爱情是最娇艳也是最刺手的玫瑰花。相当一部分大学生的爱情价值观还不成熟，他们往往凭着自己青春期的冲动，把任何事物都看得很美好，一旦遇到问题，往往没有准备，难以承受。另外，在大学里，常常有这样的现象，同学之间相互影响，比如同宿舍的人都有了男（女）朋友，但是自己没有，于是形成心理落差，情绪不稳定。有的失恋后长时间沉浸在痛苦的情绪中，无法自拔，荒废了学业，整个人萎靡不振，甚至引发抑郁症等严重的心理问题。值得注意的是严重的情感失落是大学生自杀的重要诱因之一，必须加以重视。

四、人际交往问题

大学生有强烈的交往需要，渴望更多的人能理解自己，接近自己，成为自己的好朋友。然而，由于种种原因，如害羞、恐惧、自卑、交际能力不够、言辞表达较差导致不知道该如何与人交往，甚至害怕交际，不愿与人沟通。外地生源的学生由于不懂本地话，加上有些学生会持有"排外"的想法，造成他们与本地生源的学生无法很好相处，导致人际关系紧张，陷入孤独境地。

五、学业问题

大学是高中生向往、追求的目标，也是他们放弃许多兴趣爱好并在题海中跋涉的精神支柱。进大学后部分学生为了保持自己在中学的优势，废寝忘食，除了学习自己的专业课，还会学一些社会课程，再加上英语、计算机等各种证书的考试使他们处于紧张的学习状态中。一些大学生对自己的专业并不感兴趣，除了在高考填报志愿的时候由老师或家长强行代办之外，大学录取时进行专业调剂也让他们无法就读自己所喜欢的专业。一些学生们在所读中学非常优秀，但是进入大学就发现自己原来只是一个"普通人"，彼此实力相当，甚至发现自己的一些专业课都不如其他同学，一贯"优越感"的丧失也使得一部分学生无法适应。而与此同时，又有部分学生则感到考入大学如释重负，因而即使感到竞争的危机、就业的压力，也提不起努力学习的劲头。学业受挫会使学生产生自卑、焦虑、沮丧等表现，如不能适时解决甚至会出现严重的心理问题。

六、职业发展和择业问题

随着高等教育分配制度改革的不断深入，一方面市场带给大学生更多的择业机遇和更大的自由度，但另一方面也增加了择业难度，加重了大学生的行为责任和心理压力，而毕业生自身的素质、性别、专业以及社会关系等又制约着择业的自主权。对于少数大学生来说，甚至毕业就意味着失业。这一变化对性格内向，心理承受力较差，心理适应力弱的大学毕业生来说，是难以解决的现实矛盾。一些学生的专业、兴趣、就业目的、性格特点间的冲突，让他们产生矛盾的心理。恐惧、焦虑、烦躁打破了他们的心理平衡，心绪抑郁，使他们对生活缺乏信心，对前途失去希望，对处境无能为力。

七、常见的心理障碍

如果某些同学长时间情绪低落，精神萎靡不振或是出现一些不同于其他同学的情绪与行为表现，如临近考试就特别焦虑，总是发挥失常，学习上出现困难却并非因为不努力，上网时间越来越长，逐渐不受控制等等。对于一些出现典型症状的同学，如害怕见人，害怕特定场合或人，明知没有必要却不能控制的重复行为与反复出现的想法，连续两个星期以上失眠或嗜睡，人际交往中出现严重的问题等。以至于这些同学的正常生活、学习受到了明显的影响。如遇到类似情况学校应直接向该同学了解具体情况，帮助其缓解情绪压力或立即建议该同学去做心理咨询。常见的心理障碍有以下几种：

（一）焦虑症。该症状以广泛性和持续性焦虑或反复发作的惊恐不安为主要特征，常伴有头晕、胸闷、心悸、呼吸急促、口干、尿频、尿急、出汗、震颤等生理症状。并且，焦虑情绪并非由实际的威胁或危险所引起，他们的紧张不安和恐慌程度与现实处境很不相称。考试焦虑是大学生常见的焦虑表现。

（二）强迫症。强迫症主要表现为自发的重复行为或想法，但又明知没有必要却无法控制，同时伴随有痛苦的情绪体验，以至于影响正常的学习生活。强迫症通常在青少年期发病。患者常常自己极其痛苦，却又不愿意让别人知道。严重的强迫症需要专业的治疗（包括服用精神类药物），暂时的休学甚至退学治疗也是有必要的。

（三）恐惧症。主要表现为对某特殊物体、活动或情景产生持续的和不合理的恐惧，患者常不得不回避其害怕的对象或情景，恐惧时常伴有头晕、晕倒、心悸、心慌、震颤、出汗等生理现象；患者对恐惧的对象或情景极力回避，虽然知道这种恐惧是过分的或不必要的，但不能控制。在学校中对学生学习和生活影响比较大的是社交恐惧，当事人对与人或与某些人（比如异性）交往感到恐惧，但又希望能与之交往或不得不与之交往，所以为此烦恼不已。不过，恐惧症是心理治疗效果比较好的心理问题，及时找专业人士咨询或治疗往往会取得良好的效果。

（四）网络成瘾。网络成瘾是指由过度地使用互联网所导致的一种慢性或周期性的着迷状态，并产生难以抗拒的再度使用的欲望。主要表现为：互联网使用成为生活的中心，不断增加上网时间以至于影响了正常的学习工作而不能自控。停止或减少互联网的使用会导致无聊、抑郁、气氛等负面情绪。他们常常使用互联网来逃避现实问题，他们的人际关系、工作职业常常因此遭到破坏。严重的网络成瘾往往会导致当事人学习一落千丈，最后不得不退学。对于家庭贫困的学生及其家庭往往会构成很大的打击。

（五）饮食障碍。多发于女性，特别是12～18岁的青春期前期或青春期早期发病率较高。30岁以后发病罕见。约三分之一的患者发病前轻度肥胖。以故意节制食量为主要症状，进食量远较常人为少，或仅选择低能量食谱。部分病人在病程中不能耐受饥饿，而有阵发性贪食暴食相交替。患者通常体重减轻，较以往或常人低25%以上，严重者可达消瘦程度。极度担心发胖，常采用过度运动、致吐、导泻、服用食欲抑制药或利尿剂、藏匿或抛弃食物的方法减轻体重。严重者伴有营养不良、毛发呈脱发样、浮肿、低血压、低体温、心动过缓，可伴有强迫状及抑郁情绪。很多患有厌食症的学生拒绝承认有病，不愿意配合诊治，尤其是不承认体重过轻和进食过少是病态，患者就诊的原因常为生理功能的紊乱。多数患者工作、生活功能基本正常。有暴食现象的学生常常难以控制地进食，短时间内摄取大量食物，他们自感异常，心中有着难言的痛苦。

如果确认是饮食障碍，轻微的可以通过心理咨询处理，严重的最好送专业的医疗机构处理，因为严重的饮食障碍，如神经性厌食症，有可能因生理衰竭而死亡。所以，对于过度轻瘦或短期内体重骤降的同学需要多加留意。

（六）神经衰弱。神经衰弱是一种常见的神经病症，患者常感脑力和体力不足，容易疲劳，工作效率低下，常伴有头疼、失眠等症状。该症状的主要表现有：容易疲劳、容易兴奋、睡眠障碍、情绪障碍、紧张性疼痛和植物神经功能紊乱。心理调适或药物治疗是可以选择的改善方式。

八、常见的精神疾病

如果你发现你的同学长时间情绪低落、对正常的人际交往和生活失去兴趣、常常莫名其妙的哭泣、性格变得极其内向，或者出现幻觉和妄想，情感反应冷漠或是异常，言语中表现出思维的混乱，建议尽快与老师联系，并推荐同学及早去精神卫生机构诊断、治疗。常见的精神疾病的有以下几种：

（一）精神分裂症。主要症状表现包括：①幻觉：包括幻听、幻视、幻嗅等，即对根本不存在的东西产生感知觉，同时对现实真相缺乏认识和辨别力。②妄想：编造事实，产生不真实的想法，比如无端怀疑别人要害自己、觉得自己是某个权威人物或与之有关系、无端认定某个异性喜欢自己等。对现实真相缺乏认识和辨别能力。③联想障碍：思维松弛（思维散漫）、破裂性思维、逻辑倒错性思维、思维中断、思维涌现（强制性思维）或思维内容贫乏及病理性象征性思维。④情感障碍：情感淡漠、迟钝、情感不协调（不恰当）及情感倒错或自笑（痴笑）。⑤意志活动减退：少动、孤僻、被动、退缩、社会适应能力差与社会功能下降、行为离奇、内向性、意向倒错等。

（二）抑郁症。主要症状包括抑郁心境，思维迟缓、言语动作减少。如果出现以下症状中的4条，并且症状持续两周以上，即被诊断为抑郁症：①兴趣丧失、无愉快感。②精力减退或疲乏感。③精神运动性迟滞或激越。④自我评价过低、自责，或有内疚感。⑤联想困难或自觉思考能力下降。⑥反复出现想死的念头或有自杀、自伤行为。⑦睡眠障碍，如失眠、早醒、睡眠过多。⑧食欲降低或体重明显减退。⑨性欲减退。

如果情况严重，必须严加注意，以免自杀情况发生。对于抑郁症，心理治疗和药物治疗都会有帮助。

（三）躁狂症。主要症状为情感高涨、思维奔逸、言语动作增多，病人表现出语量增多、语速加快、神情亢奋，但是情绪反应不稳定，易激怒，可因细小琐事或意见驳斥，要求未满足而暴跳如雷，可出现破坏或攻击行为，有些病人躁狂期也可出现短暂心情不佳。此外，联想过程明显加快，概念接踵而至，说话声大，滔滔不绝。因注意力分散，话题常随境转移，可出现观念飘忽，音联意联现象。在心境高涨背景上，自我感觉良好。感到身体从未如此健康，精神从未如此充沛。才思敏捷，一目十行。往往过高评价自己的才智、地位、自命不凡，可出现夸大观念。

第二节　常见心理问题的疏导

大学生学会自我疏导是维护心理健康的一条重要途径，也是避免因心理问题而导致违法犯罪的重要手段与措施。自我疏导包括调整自己的认知结构，期望水平，保持良好的情绪态，锻炼优良的意志、健全的人格，建立和谐的人际关系等方面。

大学生会自我调适，自我疏导，不仅能发展自我，完善自我，确立适合自己的追求目标，而且还能正确对待学习、生活与就业方面所带来的心理压力。疏导方法如下：

（一）培养良好的人格品质。良好的人格品质首先应该正确认识自我，培养接纳自我的态度，扬长避短，不断完善自己。其次应该提高对挫折的承受能力，对挫折有正确的认识，在挫折面前不惊慌失措，采取理智的应付方法，化消极因素为积极因素。提高挫折承受能力应努力提高自身的思想境界，树立科学的人生观，积极参加各类实践活动，丰富人生经验。

（二）养成科学的生活方式。生活方式对心理健康的影响已被科学研究证明。大学生的学习负担较重，心理压力较大，为了长期保持学习的效率，必须科学地安排好每天的学习、锻炼、休息，使生活有规律。学会科学用脑就是要勤用脑、合理用脑、适时用脑，避免用脑过度引起神经衰弱，从而导致思维、记忆能力减退。

（三）积极参加业余活动。参加社会交往及丰富多彩的业余活动不仅丰富了大学生的生活，而且为大学生的健康发展提供很好的环境支撑。

（四）培养多种兴趣爱好。大学生应培养多种兴趣，发展业余爱好，通过参加各种课余活动，发挥潜能，振奋精神，缓解紧张，维护身心健康。

（五）求助心理老师或心理咨询机构。心理老师具备较雄厚的理论功底和生活实践经验，对学生所面临的心理问题具有良好的解答方式和处理技巧。大学生在必要时求助于有丰富经验的心理咨询医生或长期从事心理咨询的专业人员和心理老师。心理咨询是指通过人际关系，运用心理学方法和技巧，帮助来访者自强自立的过程。心理咨询兼有心理预防和心理治疗功能，通过心理咨询，为咨询对象创建一个良好的社会心理环境和条件，提高其精神生活质量和心理效能水平，以实现降低和减少心理障碍，防止精神疾病，保障心理健康的最终目标。引导大学生加强自我调适，自我诊治。心理问题是每个人在一生中都要遇到的，一般的心理问题只要加强自我调适，自我诊治，是完全可以自己解决的。作为学生思想政治工作者应学会几种自我诊治的方法，指导学生有针对性地进行自我调适，自我诊治。自我调适，自我诊治的方法有：放松疗法，自我暗示疗法，自我娱乐疗法，运动疗法，宣泄疗法。

（六）心理咨询。心理咨询是依据科学的理论，遵循健康和成长的原则，采用心理学的技术，帮助咨询对象解决困惑或烦恼问题，从而成为更好的社会成员。心理咨询的目的，是帮助精神正常但又存在某种心理重负的人解决其在学习，工作，生活，人际交往以及疾病和康复等方面的心理不适应或障碍，给来询者以指导，帮助，启发，教育和劝告，使其学会发掘自身的潜能，去更好地适应环境，完善自我。

第三节　积极做好预防

养成好的生活习惯，规律与安定的生活是忧郁症患者最需要的，早睡早起，保持身心愉快，不要陷入设想的心理漩涡中。多接受阳光与运动对于忧郁病人有有利的作用，多活动活动身体，可使心情得到意想不到的放松作用。

广交良友，经常和朋友保持交往的人，其精神状态远比孤僻独处的人好得多，尤其在境况不佳时，"朋友是良医"。交朋友首先是可以倾诉衷肠的知心，还要结交一些饶有风趣、使人愉快的朋友。养成和朋友经常保持接触的习惯，这样可以避免和医治孤独和离异感，减轻抑郁症状。

做最感兴趣的事，有计划地做些能够获得快乐和自信的活动，尤其在周末，譬如打扫房间、骑车、写信、听音乐、逛街等。另外，生活正常规律化也很重要。尽量按时吃饭，起居规律，每天安排一段时间进行体育锻炼。参加体育锻炼可以改善人的精神状态，提高植物神经系统的功能，有益于人的精神健康。

一、保持良好心态的方法

（一）将不快以适当方式发泄出来，以减轻心理压力。要敢于把自己不愉快的事向知心朋友或亲人诉说。当极其忧伤时哭泣、读诗词、写日记、看电影、听音乐都是常见的宣泄方式。节奏欢快的音乐能振奋人的情绪。

（二）多与人交往，摆脱孤独。每个人都有一种归属的需要，会习惯地把自己视为社会的一员，并希望从团体中得到爱。研究发现人际交往有助于身心健康。当你真诚的关心别人帮助别人，无私奉献自己的一片爱心时，你会欣喜地发现，你获得的比你给予的更多。千万不要因为怕别人不高兴而把自己同他人隔绝开来。孤独只会使抑郁状态更加严重。

（三）增强自信心，做情绪的主人。人在正常状态下是可以通过意志努力来消除不愉快情绪，并保持乐观心情的。一是有意识地获取成功体验；二是不在乎别人对自己如何评价；三是善于发现自己的长处。知识是自信的源泉。要学会容忍，培养坚忍的毅力。用积极进取精神取代消极思想意识。把事情看透，心胸开阔，情绪就能保持稳定。

二、受到挫折时的面对方法

（一）沉着冷静，不慌不怒。增强自信，提高勇气。

（二）审时度势，迂回取胜。所谓迂回取胜，即目标不变，方法改变。

（三）再接再厉，锲而不舍。当遇到挫折时，要勇往直前。既定目标不变，努力的程度加倍。

（四）移花接木，灵活机动。倘若原来太高的目标一时无法实现，可用比较容易达到的目标来替代，这也是一种适应的方式。

（五）寻找原因，理清思路。当你受挫时，先静下心来把可能产生的原因寻找出来，再寻求解决问题的方法。

（六）情绪转移，寻求升华。可以通过自己喜爱的集邮、写作、书法、美术、音乐、舞蹈、体育锻炼等方式，使情绪得以调适，情感得以升华。

（七）学会宣泄，摆脱压力。不妨找一两个亲近的人，把心里的话全部倾吐出来。从心理健康角度而言，宣泄可以消除因挫折而带来的精神压力，可以减轻精神疲劳。

（八）必要时求助于心理咨询。当人们遭遇到挫折不知所措时，不妨求助于心理咨询机构。心理医生会对你动之以情，晓之以理，导之以行，循循善诱。

（九）学会幽默，自我解嘲。"幽默"和"自嘲"是宣泄积郁、平衡心态、制造快乐的良方。当你遭受挫折时，不妨采用精神胜利法，比如"吃亏是福""破财免灾""有失有得"等来调节一下你失衡的心理。冷静看待挫折，用幽默的方法调整心态。

【思考题】

1. 如何正确对待消极情绪？
2. 如何调节情绪？
3. 对待失恋同学，如何对其进行正确疏导？
4. 抑郁症的主要表现是什么？

第九章
盲目攀比乱借贷　身不由己加倍偿

近年来，大学生群体使用网络借贷进行生活消费的现象越来越多，在迅速、高效的碰撞和交流中，网络借贷现今比较真实反映了一类大学生群体的消费态度和价值观。互联网的开放性对当代大学生的消费观念产生了巨大冲击，预支消费的消费理念也逐渐影响了很多大学生。在这样的时代背景下，网络借贷在高校中逐渐兴起。网络借贷这一形式发展至今还不完善，存在着很多问题。新闻屡屡报出"校园贷"的悲剧，很多大学生不具备基础的金融理论知识，在网络借贷的片面宣传以及错误消费理念的引导下，很多大学生为了不同方面的消费需要，选择了网络借贷，最终被各种野蛮的方式催款，甚至被逼至自杀。因此，及时关注高校大学生网络借贷现象，引导大学生合理进行网络金融消费，树立正确价值观取向，对新时期加强和改进大学生思想政治教育、维护高校的和谐稳定具有重要意义。

【学习目标】

1. 了解目前校园贷的类型和危害。
2. 掌握校园贷的处置方法。
3. 掌握防范校园贷发生的相关措施。

【典型案例】

案例一：某高校旁的学生街某宾馆，某高校的大二在校女学生如梦（化名），因卷入校园贷，不堪还债压力和催债电话骚扰，选择自杀。

案例二：某高校学生小郑因高额校园贷重负跳楼自杀。据校方通报，小郑为偿还网络博彩和炒股欠下的债务，借用、冒用28名同学的身份信息，分别在多个网络平台购买高档手机用于变现，在某贷款平台申请贷款，涉及金额共计58.95万元。

案例三：一名校外人员张某通过中间方找到某市一所高校的学生陈某，请陈某以自己的身份信息在某财富信息咨询公司申请购买手机，手机实际为张某所有，张某承诺后期无需陈某还款。于是，陈某照办，以陈某自己的名义与卖方签订了纸质购物合同，根据合同内容，陈某支付 7 000 多元购买一部手机，分 12 期还款，除支付本金外，每月还需支付 100 余元"平台费"；合同上写明了逾期的风险提示：上门催收费 100 元/天，调查费 200 元/天，交通费 200 元/天，住宿费 200 元/天。陈某总以为这事与自己无关，就签了合同并与卖方合影。然而，事后，陈某只得到了张某之前答应支付的 200 多元好处费，张某之前口头答应分期付给陈某的钱几乎未支付，不久张某已无法联系，陈某对张某的身份证号等一无所知。逾期后卖方到校园向陈某讨债。

案例四： 某高校大三学生周健（化名）因借了校园贷无力偿还，躲藏了起来，债主找到该生家中向其父母索要 10 万元债务。原来，周健经人介绍向校园贷中介借款 2.5 万元，实际收到现金 1.5 万元，剩余的 1 万元被对方以保证金、中介费等名义抽走，当时双方约定，如果周健不按时归还 2.5 万元，则要每天支付违约金 2 000 元。结果，周健逾期未还，对方让其写了 10 万元的借条并不断催债。

案例五： 某高校女生张某通过某平台借款 5 000 元，双方约定利息为每月 20%，期限为一个月，当时在债主要求下，张某持身份证拍摄了自己的裸照和一段不雅视频，交给对方作抵押。逾期未还款，债主威胁张某，并将把张某的裸照和不雅视频，连带其家庭信息、大学信息一起公布于学校贴吧和相关社交平台。

案例六： 某高校学生吴某报警称，去年 4 月该生通过一个姓王的男子办理了大学生贷款，事后发现该男子未经本人同意继续以吴某名义在其他网贷平台办理贷款累计 8 万余元。被发现后，王姓男子已销声匿迹，目前贷款网站要求吴某还款。

案例七： 某高校杨某搜索"大学生创业贷款"，检索到一家无须抵押的贷款公司，后杨某与对方取得联系，对方传真过来一张贷款合同书，分别以需缴纳保险金、信誉不足等为由，让杨某通过支付平台多次向其转账累计 1.4 万元。这时杨某产生怀疑，电话核实后发现该公司为冒牌贷款公司，自己被骗。

案例八： 某高校学生在社交平台上认识自称"学长"的人员，主动向高年级大学生提供校园兼职，工作内容就是帮助某网络借贷平台推广某校园贷注册平台，兼职学生只需到本校学生宿舍等场所说服低年级学生关注借贷平台并注册相关信息，即可按"人头"获得提成。学生一旦向这些借贷平台借款，就可能深陷高利贷陷阱。

案例九： 某高校学生陈某，进入大学阶段学习后，因为谈恋爱，生活开支进一步加大，开始在网络平台贷款。当自己信息不能再在网络平台上贷款，开始利用同学信息贷款。前后利用 7 名同学信息在各网络平台贷款 10 万余元。在其无力偿还之后，导致还款逾期，累计需要还款 20 余万元。其间陈某的辅导员老师接到某公司电话，称该男生在某平台分期购买一部平板电脑，逾期未还款，但该生矢口否认。之后，通过被利用信息的同学，发现异常情况，随后展开调查，最终把涉及贷款学生全部查明，与家长联系，沟通解决此事，通过家长还款，涉及 7 名学生所有欠款全部结清。

案例十： 某教育机构通过"培训课程费"为由诱骗大学生参加贷款，致使 270 名学生惨遭诓骗。打着金融创新旗号的培训贷实为校园贷的新形式，专门坑骗涉世未深的大学生。此类校园贷诈骗实为诈骗分子通过虚假宣传方式诱骗学生参加贷款缴费。

第一节 校园贷的类型及危害

校园贷有多种类型。根据校园贷的性质，可分为不良校园贷和正规校园贷。从校园贷的发展状况看，不良校园贷有欺诈性、违法性等特征。

（一）网络分期购物平台。网络分期购物平台不仅能为大学生提供分期购物，还能为大学生提供较低额度的现金提现。

（二）校园及周边提供分期购物实体店。校园及周边的实体店主要是针对大学生群体开设的，围绕大学生的日常消费经营各种各样的商品。在其他校园贷盛行的背景下，一些经营大额消费的实体店也开始为学生提供如名牌手机、电脑、电动摩托车、培训费等分期服务。

（三）网络借贷平台。网络借贷平台主要用于大学生助学和创业。

（四）传统的电商平台。传统的电商平台是指一些成立时间久并提供信贷服务的电商平台。

（五）银行贷款。在校园网贷乱象频频发生后，2017年正规金融机构开始回归校园，为大学生提供较为理性消费的校园产品，即银行贷款。

不良校园贷表面上能解决大学生的资金需求，为大学生的生活、学习、创业等方面带来一些便利，但它却给大学生带来了更多危害。

一、欺骗大学生

不良校园贷在推销业务时，不如实向大学生介绍借款的真实风险，不向大学生告知贷款利息、违约金和滞纳金等费用的具体计算公式和大概还款金额，往往打着"0首付""0利息""送礼品"等旗号的诱导宣传进行欺骗学生。不良校园贷对大学生的欺骗主要体现在两个方面：一是来自中介的欺骗，二是来自校园贷平台背后隐瞒的欺骗。

案例链接：

29所高校的100余名大学生利用暑假在某科技有限公司做兼职，用自己真实信息帮助公司在多类校园贷平台上注册账户，只要注册成功该公司就承诺给予上百元的奖励，并与大学生签订还款协议，就这样使大学生陷入还债纠纷的困境。

二、泄露大学生隐私

大学生通过不良校园贷平台，在轻松获得贷款的同时，却不知个人身份信息也会泄露给操纵者。

案例链接：

某高校女生因借了分期贷款而未能如期还款，一张自己手拿身份证的照片等个人私密信息在校内的贴吧中被公开。像这样的"催款帖"共涉及近50名同学，覆盖多所高校，其中38名学生的个人身份信息被公开在该生所在学校的贴吧中。

三、助涨大学生高消费

部分虚荣心、攀比心强的大学生为了追逐潮流，养成了不良消费习惯，把目光投向不良校园贷，从中得到借款或分期消费以满足其消费欲望。大学生利用网贷平台借款或分期购物大多直接用于购买化妆品、服饰、娱乐消费等。

案例链接：

某高校的刘某在网贷平台上贷款4 000元，其目的就是为了买一部好手机；一名来自家庭不富裕的大学生张某，在大二时第一次网贷2 000元用于假期旅游，后无力偿还。

四、荒废大学生学业

不良校园贷给学生和家庭带来的巨大经济压力，迫使学生荒废学业。

案例链接：

某高校机械类专业大四的一名学生因为校园贷超过10万元的贷款无力偿还问题，从一个每年拿奖学金的优秀学生蜕变为经常旷课、多门课程补考、到处躲债、不得不退学回到父母打工地方生活；某大学在校女生，因校园贷款欠下10多万债务被逼债离家出走，荒废学业。

五、危害大学生身心健康

不良校园贷针对的多是无经济能力的高校学生。大学生在贷款之后若在限定时期内不能还款，贷款机构就通过向其家长、亲属、同学、朋友等发布催收信息，公布裸照等非法方式催收贷款，危害学生身心健康。

案例链接：

某高校学生郑某因参与网络赌球，冒用或借用同学身份信息在校园贷，借贷负债60多万元巨款，最终选择跳楼自杀；某高校大二男生借2 000元高利贷，两个月时间翻成19万元，精神疑似出现异常；某学院大二女学生，因卷入57万校园贷，因还债压力和催债电话骚扰，选择自杀；某高校大三学生范某从多家网络借款平台上借款，深陷校园贷陷阱导致溺亡；某高校大三学生李某通过网络贷款，从最初借款6 000元还不起，到后来越借越多，导致各种债务高达50 000元，不堪重负，最后在宾馆自杀。

第二节　校园贷事件的处置方法

校园贷是一个新兴的事物,从其最原始的出发点来说,是为了解决一部分大学生经济周转问题,本来应该成为一个非常不错的校园金融服务产品。但是,现在太多的个人、机构浑水摸鱼。利用大学生涉世未深,专业法律知识单薄等弱点,诱骗大学生深陷其中。如果同学们不慎陷入校园贷之中,请同学们一定要勇于向老师和家长承认事实情况,并在第一时间寻求法律援助,利用法律手段、通过法律途径来维护自己的合法权益。以下分类讲解面对不同类型的校园贷,大家应该采取哪些应对措施。

一、"利息""手续费"提前扣除的情况

不论在借款手续上借到多少钱,一律按照实际借到手的金额为准作为借到的本金。所有提前扣除"手续费""利息"都不计算在本金范围之内。例如,准备借10 000元,手续费1 000元,约定利息10%每月,约定一个月还款。非法校园贷的操作是,提前扣除手续费1 000元,扣除一个月的利息1 000元,大学生借到手的钱其实只有8 000元。如果逾期之后,对方按照本金10 000元收取利息。如果借到的校园贷是这么规定的,那么在偿还的时候,是完全有权要求按照实际借到手的金额作为本金偿还。具体可参考法规:《最高人民法院关于审理民间借贷案件适用法律若干问题的规定》第二十七条"借据、收据、欠条等债权凭证载明的借款金额,一般认定为本金。预先在本金中扣除利息的,人民法院应当将实际出借的金额认定为本金。"

二、"利息"的标准问题

不论非法校园贷约定的是每天利息多少,每周利息多少,每月利息多少。只要利息标准超过年息24%,超过月息2%,超过周息0.46%,超过日息0.065%,就算是出借人起诉,超过的利息部分,法院不会支持偿还。具体可参考法规:《最高人民法院关于审理民间借贷案件适用法律若干问题的规定》第二十八条"借贷双方对前期借款本息结算后将利息计入后期借款本金并重新出具债权凭证,如果前期利率没有超过年利率24%,重新出具的债权凭证载明的金额可认定为后期借款本金;超过部分的利息不能计入后期借款本金。约定的利率超过年利率24%,当事人主张超过部分的利息不能计入后期借款本金的,人民法院应予支持。按前款计算,借款人在借款期间届满后应当支付的本息之和,不能超过最初借款本金与以最初借款本金为基数,以年利率24%计算的整个借款期间的利息之和。出借人请求借款人支付超过部分的,人民法院不予支持。"

三、利息计算方式问题

不论非法校园贷约定按何种方式复利。只要利息金额,超过依据利息标准计算出的利息金额,超过的部分都可以不还。另外,民间借贷中,除非特殊约定,一般是不按照复利

方式进行计算。具体可参考法规《中国人民银行关于人民币存贷款计结息问题的通知》。

四、"违约金""滞纳金"等问题

借款协议中如约定了滞纳金或违约金，只要这些金额加在一起，超过了年息24%的利息标准，超过的部分，可以拒绝支付。如非法校园贷不同意，可以向法院提起诉讼，要求法院给予确认。具体可参考法规：《最高人民法院关于审理民间借贷案件适用法律若干问题的规定》第三十条"出借人与借款人既约定了逾期利率，又约定了违约金或者其他费用，出借人可以选择主张逾期利息、违约金或者其他费用，也可以一并主张，但总计超过年利率24%的部分，人民法院不予支持。"

五、骚扰亲人、同学的问题

民间借贷债务保证人，是要保证人亲自签字同意。只有保证人亲笔签字之后，出借人才有权联系保证人要求履行保证人的保证义务。否则，骚扰是要承担责任的，可以要求对方不得骚扰甚至赔偿因骚扰引发的精神损失。具体可参考法规：《中华人民共和国刑法修正案（七）》第二百五十三条之一："国家机关或者金融、电信、交通、教育、医疗等单位的工作人员，违反国家规定，将本单位在履行职责或者提供服务过程中获得的公民个人信息，出售或者非法提供给他人，情节严重的，处三年以下有期徒刑或者拘役，并处或者单处罚金。窃取或者以其他方法非法获取上述信息，情节严重的，依照前款的规定处罚。单位犯前两款罪的，对单位判处罚金，并对其直接负责的主管人员和其他直接责任人员，依照各该款的规定处罚。"

六、"裸条"借款的问题

所谓的"裸条"借款，是利用大学生尤其是女大学生的羞耻心和社会评价逼迫借款人按照各种不合理的利息、违约金偿还借款。如果提供了"裸条"可通过起诉方式，要求对方返还"裸条"并保证没有扩散，如果对方已经扩散，那么对方可能已经涉嫌触犯刑事犯罪。具体可参考法规：《中华人民共和国刑法》第二百七十四条"敲诈勒索公私财物，数额较大或者多次敲诈勒索的，处三年以下有期徒刑、拘役或者管制，并处或者单处罚金；数额巨大或者有其他严重情节的，处三年以上十年以下有期徒刑；数额特别巨大或者有其他特别严重情节的，处十年以上有期徒刑，并处罚金。"

七、高息问题

出借人可起诉借款人，要求借款人还钱。借款人可以起诉出借人，要求调整借款利息，调整还款计划。简单说就是，如果借款人觉得约定的利息太高，或是还款方式不能继续履行，借款人可以通过诉讼方式要求对方在合法范围内变更之前的约定。如果出借人在协商过程中，要求过高的本息一次性偿还，或是对出借人的合理要求不予反馈。那么也可以通过诉讼的方式，对合理范围内的还款，进行司法提存。避免日后产生其他不合理的违约金、滞纳金等费用。具体可参考法规：《最高人民法院关于审理民间借贷案件适用法律若干问题的规定》第二十六条"借贷双方约定的利率未超过年利率24%，出借人请求借款人按照约定的利率支付利息的,人民法院应予支持。借贷双方约定的利率超过年利率24%,超过部分的利息约定无效。借款人请求出借人返还已支付的超过年利率24%部分的利息的,人民法院应予支持。"

第三节 非法校园贷的预防

网络借贷,作为互联网金融发展到一定程度的产物,满足并贴合了当前一部分大学生超前消费的需求。超前消费意识,作为当下一种生活方式,无法阻止,只能引导。大学生消费观念的转变,使得网络贷款成为大学生缓解短期资金困难的重要途径。因此,无论是社会行业、监管机构,还是高校相关部门,都有责任培养大学生正确的消费意识,引导大学生理性消费,有效避免其陷入非法校园贷的陷阱。社会、政府和高校,只有三方共同行动起来,承担起相应的职责,才能有效应对网络借贷带来的新挑战、新问题,真正保护大学生的合法权益,维护好学校的安全和稳定。

一、强化大学生正确消费观的教育引导

以马克思主义消费观为指引,对当前大学生的消费观进行教育和引导。从马克思主义消费观中,消费与个人综合素质提升的内在关系和消费与环境之间的影响关系,对大学生进行思想认知和意识形态的观念教育,无疑对当前大学生积极建构起科学合理的消费观,具有非常重要的意义。因此,要积极对大学生群体中出现的消费主义倾向进行正视和剖析,引导大学生树立起物质消费和精神消费基本平衡的消费观。

目前,大学生群体中流行的消费主义的生活方式,是使人片面追求物质消费和消遣,是通过满足大学生自身的欲望和物质占有来达到精神层面的需求和享受,这种缺乏真正精神层面的生活方式无疑背离了马克思主义消费观的内容,这就要求学校应积极引导和教育大学生树立起一种正常、合理的消费观。要对大学生积极开展并进行社会主义核心价值观教育、诚信教育和人生价值观教育等活动,高校辅导员也要在大学生的日常学习生活中,积极了解大学生的消费心理,对一些消费理念有偏差的大学生,一定要帮助其进行纠正,对一些有着从众消费心理的大学生,要积极进行关注和引导,教育这些大学生在生活中不进行攀比,不要有炫耀心理,还应帮助大学生制定合理、科学的消费计划。另外,要在大学生群体中树立起勤俭节约、自立自强的模范人物,开展各式各样的模范人物评选活动,组织不同方式的自立自强活动,真正做到用身边的学生、用身边的故事教育学生,帮助学生树立起一种积极向上的人生观和价值观,进而形成一种良好的消费习惯,树立一种科学的消费观。此外,高校要积极强化大学生的法制教育,要对网络借贷的法治知识进行普及教育和宣传,帮助大学生提高网络借贷的安全常识意识,充分利用高校的讲座、校园网站、社交软件、LED电子显示屏等进行广泛宣传,用身边的典型案例来对大学生进行宣

传教育，进一步强化大学生对网络借贷的认知和理解，让大学生能够真正提高警惕，远离非法校园贷，自觉做一名抵制非法校园贷的践行者。

二、加强心理预警，开展励志教育

高校应该注重学生的精神文明建设，通过学生组织和学生社团的这种有效互助体，积极传播健康文明和勤俭节约的生活方式，减少不良风气。同时，对一些资金困难的学生进行引导，比如通过兼职来获得一定的经济收入。高校也要及时了解学生的思想动态，充分发挥思想政治教育课程的功能，坚持预防为主，积极培养大学生的法治意识，经常性给大学生灌输相关法律知识，强化大学生的法律意识，引导大学生加深对网络借贷经济和法律风险的认识。此外，还要积极为大学生普及银行相关知识，让大学生能够更多地了解相关金融知识，防止陷入骗局，从源头上提高大学生的防范意识和防范能力。特别是在心理安全预防教育上，尤其重要，高校一定要做好心理预警工作，一旦发现有因为非法校园贷而产生心理异常的大学生，要在第一时间进行心理疏导，并能在借贷的最初阶段对其危害性进行控制，从而将各种风险降至最低程度。对大学生而言，其世界观、人生观和价值观都还处在塑造阶段，会面临很多诱惑，容易攀比，这就要求要对大学生进行励志教育，树立勤俭节约的意识，通过榜样带领和激励，逐渐让大学生远离非法校园贷。

三、建构网络借贷的信息共享机制

网络借贷平台相比较传统金融借贷机构，虽然借助的是互联网途径，但是在基本的信息共享机制上，还应该积极与网络借贷平台联合起来，实现信息共享，避免更多不良贷款现象的发生。当前，网络借贷平台上的贷款者的个人基本信息只是针对平台内部，并不能对贷款者的综合情况进行深入了解。因此，是否可以将网络借贷平台与银行、公安部门的信息对接起来，逐渐建立起一套完整、全面、统一的借贷信用评级机制和查询系统，进而实现网络借贷平台对借贷者有一个综合的信用评价认知。

在网络借贷的信息共享机制中，尤其是对大学生群体的个人身份意识获取，越来越显得至关重要。因为在信息共享中，大学生个人的身份意识和社会地位都具有一定的指示性，比如大学生个人的消费内容主要偏向在哪里、个人消费一般采取的是哪种方式、是一个什么样的水平、个人的消费习惯都有哪些、个人的人格以及精神状态等。网络借贷信息共享机制，可以在安全、高效的前提下对大学生个体的网络借贷行为进行一种事前综合信息的评判和预估，以此来降低网络借贷的风险性和不确定性。

四、健全校园网络借贷平台监管措施

由于网络借贷缺乏有效的监督管理，因此应完善网络借贷有关的法律监管机制，实现监督和管理问责机制，积极完善相关机构，明确责任，建立标准，完善法律规范体系。在对大学生的网络借贷行为进行监管的同时，还应积极对校园网络借贷平台进行监管，而这首先就要明确网络借贷金融行为的主体，目的就是为了能够从法律法规的层面来理清和分化出网络借贷与金融行为不同主体的职权范围，进而明确和履行各自的监督职能。在实际的网络借贷问题发生后，能够第一时间避免因为监督职权不明晰而在具体的监管行为中出现相互推卸责任的现象发生，或者是因为职权重复，又或者是因为过度监督而带来人力资源的浪费和金融资源的荒废等，进而限制了网络借贷的正常运行，拖滞了金融市场的正常发展。因此，在对网络借贷平台进入市场的门槛和准入条件进行规定时，应该将网络借贷平台以及相关进入的金融机构的信用评估机制纳入其中，进而对网络借贷的主体行为进行科学性的规范。同时，更要积极地将校园网络借贷中的大学生作为信贷主体行为纳入实际的审查标准当中。

五、完善大学生网络借贷的纠纷处理制度

针对实际网络借贷行为中出现的各种纠纷问题，相关监管机构和部门应积极针对校园网络借贷需要，构建起一个多层次立体化的处理框架和机制，也就是大学生网络借贷的纠纷处理制度。在具体的纠纷处理制度设计中，应该囊括大学生网络借贷平台内部性的问题处理机制，不断予以完善和补充，积极建立起一种专业化的有针对性的信贷网络金融维权机构和网络借贷消费问题处理机构或组织。此外，对于那些诉诸司法层面的校园网络借贷纠纷案件，一定要予以区分对待，具体问题具体分析，对其进行区分处理。最重要的是，要积极整合网络借贷中的社会资源，并对发生纠纷时的诉讼成本进行大幅削减，进而完善网络借贷中的相关组织规范标准，渐渐培养起大学生针对网络借贷金融行为的自我监督和判断意识，最终建构起一种全社会的网络借贷监管机制，从而不断激发出网络借贷管理的社会辅助性管理和监督作用，真正在发生网络借贷纠纷事件时能够运用这种纠纷处理机制予以妥善合理的解决。

建立大学生网络借贷的纠纷处理机制，是因为社会逐渐进入消费时代，消费意识和消费文化已经逐渐在人们的意识形态领域里形成了广泛的影响力。尤其是对大学生们的消费观、人生观和价值观都产生了极大影响。因此，必须积极构建起这种纠纷处理机制，营造有利于大学生健康成长的氛围。从当前大学生消费观的角度来讲，他们的消费理念慢慢向着消费主义走去，甚至有少部分大学生将消费主义视为人生发展目的和衡量人生价值的标尺，并将占有更多的社会财富看成是人生成功的标签、幸福的标志。因此，大学生群体中才会出现过度占有物质财富的消费行为，这就导致大学生群体中必然会出现网络借贷行为，产生诸多纠纷。

随着消费主义文化的广泛渗透，大学生在网络借贷的道路上越走越远，这种态势不可逆转，在他们的头脑意识中，将很多美好的事物与物质消费对接起来，更有一些大学生已经具有了极为明显的消费主义苗头，值得警惕。这期间由于现有的监管体制还不健全，势必会出现大学生网络借贷的现象并伴随有矛盾纠纷事件，这就需要相关监管机构和部门作为一项预案提前建立起网络借贷纠纷处理机制从而为实际发生的大学生网络借贷纠纷案件提供处理依据。

六、建立大学生网络借贷法律规制

政府机构应该在立法层面加快建立起网络借贷金融立法，真正对网络借贷进行内部规范和治理，使其在运作上能够更为科学和合理。在具体的立法上，一定要对网络借贷的法

律边缘行为进行界定，并对其法律边界划出具体的门槛规定，真正提升网络借贷行为的违法成本。所以，在制定法律时，网络借贷的相关行为要能够融入《民商法》中，针对具体的格式条款，明确怎样的网络借贷行为是无效的，对各式各样的网络借贷金融行为作出具体规定，以便能够在实际网络借贷行为中对不适于网络借贷的金融行为进行适当调整，比如在《合同法》《担保法》等与网络借贷金融行为更为接近的法律体系中进行完善和调整。当然，在具体的立法过程中，还要对网络借贷行为中哪一方是具体的弱势群体进行明确的规定，比如大学生陷入网络借贷陷阱时，如何请求法律援助。

除此之外，还可以在法律规章中明确规定相关部门，针对网贷平台规范经营制定相应的法律制度。比如，严禁网贷平台向大学生收取大额"服务费"，限定"服务费"占贷款总额的比例；严禁网贷平台一次性全额扣"服务费"，在大学生违约且贷款协议合规的情况下可适度扣除等。再者，还可以根据网贷平台的所有经营环节制定符合大学生实际情况的法律制度，进而有效规范网络借贷平台的行业环境。

【思考题】

1. 自己身边存在的校园贷的类型有哪些？
2. 如何树立正确的消费观，自觉抵制非法校园贷？

法制教育篇

第一章
考试作弊违校纪　丧失学位丢学籍

"诚信"作为公民基本道德规范的一部分,是从个人行为层面对社会主义核心价值观基本理念的凝练。在当代大学校园,"诚信"这一品质,应在考场上得到有效的彰显,但考试舞弊现象屡禁不止,作弊手段层出不穷,而作弊后的愧疚心理日渐减少;这一现象部分由社会现象和风气引发,而现在反而形成了一个社会现象和问题。很多学者对大学生的作弊行为,从心理学、经济学、社会学等各个领域并结合内因(个人因素)和外因(环境影响)进行了成因分析。普遍认为,学生主观原因是造成作弊行为愈演愈烈的主要因素;社会和环境因素以及学校课程考核方式的影响为次要因素。

【学习目标】

1. 了解大学生作弊背后的原因。
2. 了解大学生作弊现象的危害。
3. 采取切实措施,自觉抵制大学生作弊现象。

【典型案例】

案例一:某高校一名男生在大学英语四级考试中被监考老师发现翻看手机,并在手机中发现了接收到的答案信息,遂将其手机没收并在考场记事单上记录。随后该生以根据校规校纪,以使用通信设备作弊处理,给予开除学籍处分。

案例二:在学期期末英语考试中,某校土木专业的学生周某和刘某在考试过程中交头接耳,窃窃私语,被监考老师发现,经多次提醒之后,两名学生仍出现这种行为,监考老师遂将其逐出考场并在考场记录单上记录。周某和刘某后被学校以违反考试纪律处理,给予警告处分。

案例三:某高校学生陈某、王某与杨某某在高数考试时被监考老师发现有作弊行为并在考场报告单进行记录,且三人均为协助作弊。具体情况是,陈某传递草稿纸给旁边的王某且草稿纸上有试题答案,王某在考试时在草稿纸上提供答案给后面杨某某。根据三人在考场上的实际行为表现,学校依据校规校纪,按照考场作弊且情况比较严重进行处理,给予三人记过处分。

案例四：某高校会计专业刘某在全国大学英语四级考试中提前买答案，并把答案带入考场，在被监考老师发现后没收了准考证，并被逐出考场。据了解，刘某平日学习也比较刻苦，因参加两次四级考试没有通过，在本次考试之前通过网络途径购买了试题答案，企图蒙混过关，在被监考老师发现后，学校根据实际情况，按照考试作弊进行处理，给予记过处分。

案例五：某高校会计专业学生张某与吕某因在外实习，不能按照返校参加期末考，遂通过网络平台联系到附近另一所高校的两名学生王某和李某，请他们到时候代替自己参加期末考，并给予他们每人50元的费用，后在考试过程中被监考老师查出。根据校规校纪，学生张某和吕某因找人代替自己考试，给予二人开除学籍处分。王某和李某因是外校学生，学生处联系他们学校的领导带回并建议依法依规处理。

案例六：某高校土木工程专业学生赵某在《高等数学》补考考试中，替同宿舍同学李某参加考试。经查，赵某学习较好，在考试《高等数学》时是该宿舍的所有同学中成绩最好的，并一次通过，该宿舍共有3名同学未通过该课程考试，由于李某复习不充分，害怕不能通过该科考试，请赵某替其参加考试，赵某起初并不同意，后经同宿舍部分同学劝说，顾及哥们义气，抱侥幸心理替李某考试。在考试过程中被监考教师当场发现。事后，赵某、李某均给予了开除学籍的处分。

案例七：某高校计算机专业学生蔡某，在考试之前不按照监考老师安排的座次就座，在老师多次提醒之下仍未在指定位置就座，监考老师遂取消其参加考试资格并在考场记录单上做下记录。后学校按照校规校纪，以考场违纪处理，给予该生严重警告处分。

案例八：在全国大学生英语四级考试前有关部门接到学生举报，某高校工商管理专业学生赵某以每份答案600元的价格兜售四级试卷的答案，承诺在考试过程中用隐性无线耳机进行发送答案。经查，该生通过网络以2 000元的价格买到该答案，对方称在开考半小时内通过社交软件将答案传递，再由赵某将答案传给考场上购买答案的考生，经查，在本次考试过程中共有5名学生购买了赵某的答案。根据校规，赵某以组织作弊处理，被给予开除学籍处分。

案例九：某高校法律专业学生李某在期末考试《大学语文》开卷考试过程中，因未按照考试要求，携带除课本之外的打印资料进入考场，并在考试过程中从打印资料中抄写试题答案，被监考老师当场发现，后被学校依据校规校纪，按照考试作弊情形处理，给予李某记过处分。

第一节　考试作弊的原因及暴露的问题

考试作弊害人害己，但是每一次作弊行为的发生都是有原因的，不同的学生考试作弊也各有自身不同的原因。

一、学生自身原因

（一）平时学习不努力，却希望能够通过考试。在高校里，有一部分学生学习目标不明确，缺少长远和正确的职业生涯规划，平时不努力，逃课旷课现象严重，课后不认真完成作业，也不及时复习巩固，对专业基础知识完全没有任何概念。尽管如此，他们仍旧希望能够通过考试，获得学分，最后顺利毕业。因此，当期末考试来临的时候，他们便希望能够通过作弊的手段通过考试。

（二）希望能够得到更高的分数，以期更大的利益和荣誉。有这样作弊动机的主要是平时学习成绩比较好的学生或者得到老师欣赏或重用的学生干部。其中，平时学习成绩较好的学生不用担心考试不及格的，他们考试作弊大多是为了希望能够评上奖学金或者挣得其他更多荣誉。而那些多被重用的学生干部作弊的原因则比较复杂：一部分学生干部确实是因为平时社会工作比较多，影响了日常的学习，降低了学习效果，为了通过考试，不得不作弊；有的学生干部则学习成绩一般，但他们依然觉得自己如果考不到班级前列太丢面子，因此考试时选择了作弊；还有的学生干部则是希望自己能够得到更好的成绩，这样在评奖评优等方面就有了更大的优势。

（三）看见他人作弊，怕自己落后。高校里也有这样一部分学生，平时学习很努力很认真，学习能力较强，成绩较好，自己也很要强。考试时，看到别人作弊，害怕别人因此考出来的成绩比自己不作弊考出的分数高，导致自身排名下降，影响评优评奖等，所以自己也跟着作弊，让自己的排名不受影响，依旧保持名列前茅。

（四）轻视非专业课。就课程分布情况来看，出现考试作弊现象的课程中，非专业课占有较大的比重。当前，在高校中，对非专业课的轻视是普遍存在的。大部分的学生们学习非专业课仅仅为了凑满人才培养方案上所要求的学分。在他们看来，大学毕业以后参加工作主要靠的是专业技能和专业素养，而非专业课的内容并不能在这两方面给予他们帮助。因此，大部分学生在平时学习中根本不重视非专业课，甚至把非专业课看成累赘和包袱，出现旷课、课后不复习，考试时蒙混过关，作弊等现象。

二、学校方面原因

（一）教学和考试方式不合理。在一些高校中，部分教师不认真研究教学方法，授课内容陈腐，没有新意，枯燥乏味，上课照本宣科，导致部分学生产生厌学情绪。考试内容多局限于教材内容，重视理论知识，忽视能力考核以及综合素质的培养和检测。长此以往，学生们逐渐产生了失望情绪，最初高涨的学习热情和动力也会随着学习兴趣的衰退而逐渐消失，最终以考试作弊来应付学习效果的检查。

（二）学校管理方面存在缺陷。刚刚进入高校的大学生，在心理上，还处于"后高中"阶段，他们并没有适应高校里面较为宽松自主的学习模式，缺乏自制力，学习上还需要有外在压力。但是，大部分的高校并没有意识到不同年级学生各自不同的心理特点，对低年级和高年级的学生也没有依据他们的心理特点采用不同的教育管理模式与方法，都不过是要求学生能够按时上课，按时完成作业；至于课余时间，则并不作学习上的要求，鼓励学生自由发展。这就导致部分学生课后完全不学习，一味沉溺于各种玩乐之中，最后为通过考试，选择作弊。

（三）丰富的大学校园生活对大学生精力的分散。相对于不同大学生群体之间紧张的竞争和较量引发的作弊行为，大学场域与整个社会场域的密切关系也影响了大学生在学业生活中的习惯。现代大学身负多职，既要保持传统的文化传授和传承的功能，又要为学生的就业做准备，还承担着促进学生社会化和培养现代公民的职责。这种大学目标的多元化与学生读大学的不同目标相结合，使得学生一旦进入大学校园，课堂作业甚至学业都不再局限于大部分学生生活的中心位置，对知识的关注度和投入的成本都被缩减。大学只是人生的一个阶段，作业和考试也仅是大学生活的一部分。这时的大学生不想为读书放弃其他爱好，他们被大学提供的丰富的社会生活、社团活动及其他活动吸引了大量的时间和精力，却把学术事务视为必须尽快完成的例行工作。一旦大学生不想让作业和考试在繁忙的大学生活中占据太多时间，作弊就成了一种非常实际且实用的选择。

三、社会方面原因

尽管是校园现象，考试作弊的现象在社会上也时时存在，社会上的不良风气也总是影响着高校里的教育教学秩序，对校园作弊现象的发生有着不可推卸的责任。

（一）社会中存在着不少弄虚作假、投机取巧的现象。这样的现象导致社会诚信度大幅度降低，也影响着部分自控能力不强、是非观不够明确的高校大学生，让他们误入歧途。随着教育产业化的发展和高校自身服务社会功能的提升，高等学校早已不是与世隔绝的"象牙塔"，社会中的各种思潮和风气，不可避免地影响着大学生们对"诚信"一词的理解和践行。在改革开放深入推进的过程中，社会转型阶段所暴露出的一些问题和现象，很多都与诚信的缺失有着很大的联系。通过不诚信的违法犯罪手段，获取高额非法利润；假冒商品反而被冠以物美价廉、性价比高的美名；甚至校园的资深教授、某著名学者学术造假、学术不端、论文抄袭的报道也屡屡见诸报端。不诚信的行为可以得到踏实工作的人们所无法企及的利益，这对于人生观、价值观尚在形成或巩固阶段的大学生们，有着巨大的影响和蛊惑。平日放松学习，"享受生活，挥霍青春"，在考前准备好一些小抄，甚至购买一些高科技作弊工具，投机取巧就可能取得比那些刻苦攻读的学生们还漂亮的成绩单，这样的诱惑无疑是巨大的。

（二）目前大学生就业难的现象导致知识贬值和读书无用论在高校普遍传开。某些学生看不到学习的希望而缺乏学习动力，平时得过且过，感到迷茫，消极对待学习，临到考试，又担心成绩不过关就采取作弊手段。同时，由于大学生就业变得越来越难，特别是理想岗位很有限，所以要就业，必须先成才。很多用人单位在招聘人才时，更多是考虑成绩好，获得各类资格证书多的学生，优秀毕业生在就业时往往首先会受到社会的青睐，为了更优秀，部分学生就在考试时，采取作弊手段。

（三）信息技术的发展为作弊行为提供了技术支持。当前的学生作弊行为，早已不再只是过去携带教材资料偷偷翻阅、交头接耳、抄袭邻桌答案、传递纸条等方式，随着通信技术的发展，越来越多高科技作弊手段层出不穷，针孔摄像机、无线发射器、隐形耳机等作弊设备时常在考试中被发现。特别是在全国大学英语等级考试、研究生考试中，校外不法团伙利用通信设备已经形成了图文试题采集、试题解答、无线音频传送等一系列完整高效的作弊流程，为预防和阻止作弊行为的发生带来了更高的工作难度。而校园各个阴暗角落里面张贴的各种"助考"信息可以说是半公开的秘密。学校的管理者应对这些信息进行清理和举报，执法机关和人员应对这些信息及其背后的"产业链条"进行打击和惩罚，因为这些都为考试作弊行为提供了生存的土壤。

（四）高等教育和中学教育衔接不利带来的问题。大学生对大学生活的适应不佳也会对其学习生活产生很大的影响。《国家中长期教育改革和发展规划纲要》明确提出"促进各级各类教育纵向衔接、横向沟通""树立系统培养观念，推进小学、中学、大学有机衔接"的要求。就学习内容来看，可以说从中学教育到大学的专业教育，基本上没有一个过渡阶段。中学教育以高考科目为中心展开教学活动，进入到大学的学生，面对却是和过去所学完全不同类型的内容和不同风格的教学方式，大学生必然会经历一个从不适应到逐渐适应的过程。但是，在这个逐步适应的过程，不同的大学生会采取不同的应对策略，不乏一些学生无法很好地进行自我管理，选择用一劳永逸的作弊来掩饰对大学学习生活的无所适从。同时，与新同学和老师的人际关系、对新环境的无法适应等问题，也很有可能影响大学生的整体身心状态，导致其作出不理智不负责的决定，草率对待学业生活。

第二节 考试作弊的危害

一、不利于教学质量的提高

检查学生学习效果和教师教学质量好坏可以通过考试来实现，而作弊却破坏了学校对教学质量监控功能的发挥，它使学校教学效果得不到真实反映。所以作弊现象的普遍存在既不利于教师对教学方法的改进与提高，也不利于学校的教学管理。它严重影响了学校教育目标的实现，危害着我国教育事业的发展。

二、不利于良好学风的形成

好的考风对学校形成好的学风起到促进作用，好学风环境有利于学生身心健康的成长，它能使学生的思想品德、价值观念、行为方式和意志情感等受到潜移默化的熏陶和感染，它是一种内化的、向上的精神动力。平时不努力，考试靠作弊，甚至有的学生靠作弊获得某些评优或奖励，这种现象会打击到平时学习努力的学生，他们看到作弊成功者靠投机取巧获得了超额利益，刺激和强化了他们的从众作弊心理，于是很多学生跟着效仿。良好的校园文化氛围和学习风气遭到破坏，所以作弊有害于良好教育教学风气的形成。

三、无法正常发挥考试公平竞争的原则

考试是教学活动重要环节之一，它起到检测学生掌握知识程度好坏的作用。而作弊是欺骗行为，它欺骗了学校、老师和同学。学校往往会依据学生成绩的好坏而给予成绩优异的学生评优或其他奖励；国家选拔人才的主要方式之一也是通过考试。由于作弊导致考试结果的不真实，所以它破坏了公平竞争的原则。在校期间有作弊侥幸"成功"经历的学生在将来走向社会后，很有可能也会采取不正当的竞争方式——投机、欺诈等，甚至会为犯罪埋下隐患。

四、损害大学生高尚品质的养成，造成畸形人格

部分学生认为考试作弊是小事，不关大局，不以作弊为耻，反以为荣。这种思想对大学生健康的心理会带来不利影响，甚至会影响学生一生人格的发展；考试作弊被抓者往往会受到学校严厉的惩处，学生的自尊心和自信心会因此受到很大的打击，觉得丢面子而抬不起头，对前途失去信心；而作弊侥幸成功者，则易养成弄虚作假、好逸恶劳，遇事就想投机取巧的畸形心理。总之，不管学生作弊得逞与否，都会让学生人格的发展偏离健康的轨道，容易形成对"不正确""不合规定""不守规则"等欺诈行为的认同和宽容，淡漠了该有的道德观念。

五、直接影响作弊者本人的顺利毕业

考试作弊行为是考生个人诚信品质缺失的体现，在多数高校中，针对考试作弊的学生均会采取一定的惩罚措施，其中最为普遍的做法就是本科生在各类考试、考察过程中出现考试作弊现象的，作弊学生将受到一定的纪律处分，同时取消其获得学位证书的资格；如果在考试作弊形式上触犯了国家规定的"找人替考、替别人考试、使用通信工具作弊及组织作弊"四条考试作弊形式之一，还要面临被开除学籍局面，这些都将直接影响作弊学生本人的顺利毕业，甚至会因此影响其一生的发展，造成一生的遗憾。

第三节　考试作弊的预防措施

针对大学生作弊问题，学校可以在充分掌握和了解学生作弊原因的基础上，对症下药，有计划、有重点、有针对性地制定出切实可行的解决方案，以有效减少考试作弊情况，维护考试的公平性和公正性。具体来说，学校可以从以下几方面入手，积极防止大学生考试作弊。

一、狠抓入学教育，强化大学生诚信教育

大一新生刚到校的入学阶段是大学生诚信教育的关键时期，是实现高中生到大学生的关键衔接时期，也是学生从青少年到成年的转折期重要时期。有效的入学教育对大学生今

后的学习、生活和工作都将产生很深的影响。要让大学生意识到，诚信不仅是中华民族的传统美德之一，也是现代社会活动中的道德底线，对于学生来说，考试作弊是最严重的诚信问题。现代社会是民主与法制的社会，诚信不仅归咎于道德问题，而且涉及法律问题，最低的道德准则问题就是法律问题。大一是大学生的人生观、价值观趋于成熟的关键时期，而诚实守信的道德原则和行为准则就应当在新生一入学就作为高校育人工作的重点来抓，为大学生将来的学业态度和进入社会道德标准打好基础。

二、严肃考场纪律，加大惩罚力度

对作弊行为的监督力度和惩罚力度是影响学生作弊行为的重要因素。"诚实信用，公序良俗"是现代民法的基本原则。违背了诚实信用原则的民事法律行为是无效的，而且对民事主体造成一系列不利后果的，要受到制裁和处罚。在学校的考试中，学校应当采取严格切实有效的措施，加大对考试作弊行为的防范和惩罚力度，对于已经查实的作弊考生应加大处罚力度，对常见的利用通信工具作弊、团伙舞弊、冒名替考等考试违规行为要严加防范和坚决打击。

三、加强校园文化建设，发挥文化环境育人功能

良好的校园文化能够推动学校育人工作的圆满完成。校园文化不仅具有育人功能、凝聚功能、动力功能，还具有协调功能和陶冶功能等。因此，学校要想妥善解决考试作弊问题，就必须加强校园文化建设，营造良好的校园诚信文化氛围，做好诚信教育宣传工作，使"诚信做人，文明应考"理念深入人心。同时，学校还可以通过朗诵、辩论、故事会、表演等形式使更多的同学参与到诚信教育的活动中来，寓教于乐，营造良好的校园文化环境，让"诚信是做人的根本"的理念深入到学生的思想中。创建学习型社团组织，增强学生的学习兴趣，鼓励开展与专业、科技、学术相关的各类专业讲座、组织专业研讨活动，并通过专业自主学习和实践，培养刻苦钻研的精神，鼓励学生全面提升学习的积极性，从源头上打消学生作弊的念头。

四、建立大学生诚信档案

大学生诚信档案具有客观性、可操作性、学生参与性、公开教育性。诚信档案是一种写实式记录，是学生在校期间诚信状况的客观记载与成长过程的真实记录，具有很强的客观性。信用档案的记录内容是与学生的信用表现相关联的资料。高校应当将诚信档案的建立纳入学生的教育管理体系中，并且向社会公开，起到教育和监督的作用。大学生诚信档案的建立，不但是大学生思想道德素质教育的重要内容，而且也是有效的大学生诚信教育管理途径，同时也是弘扬诚实守信正能量的时代风尚。大学生诚信档案是社会诚信评价体系中的重要组成部分，是一个社会进步和成熟的体现。学生是建立诚信档案的参与者，更是诚信档案的受益者。通过大学生的自我管理，自我教育和自我完善，养成"诚信待人、诚信学习、诚信处事"的良好习惯，在生活、学习中讲究信用，信守承诺，做一个诚实守信的维护者和实践者，从思想上杜绝作弊。

五、建立有效的评价机制，深化高校考试改革高校的课程考核

以书面闭卷形式，采取终结式考核，这样期末考试是总成绩的主要决定因素，给学生造成了很大的压力。传统考试制度不利于学生学习积极性和创造性的发挥，同时也影响了其创新思维的培养和提升。随着教育考试体制的进一步深化发展，一些大学纷纷创新考试能力导向模式，有效地抑制了大学生考试作弊势头。因此，为进一步激发学生的学习积极性和主动性，更好地发挥考试在培养学生独立思考、发散思维和创新能力等方面的作用，促进其全面发展，学校应建立有效的评价机制，将定量考核和定性考核有机结合起来，使考试为改善教育过程服务。

六、改进教学方法，提高教师教学水平

教师能否组织好课堂教学，能否激发学生学习兴趣是有效防止学生作弊的有效途径。有的教师上课讲义几十年不变，内容陈旧，不能满足知识日益更新发展的需要，且他们的教学方法单一、死板、格式化，严重影响了学生学习的积极性，学生的创造性受到抑制，厌学情绪就随之而生。面对巨大的考试压力，且考试内容又多以记忆题型出现，学生就容易产生考试作弊的想法。教师要在课前认真备课，切实组织好每节课的教学，除了把每节课的内容讲清楚，还应把与本学科有关的额外新知识补充到教学中来，便于学生把握该学科最前沿的学科动态，激发学生学习的积极性与创造性。让学生在学习的道路上不断攀登，感受到学习乐趣。知识在平时的学习中慢慢积累，能力逐渐加强，到考试时，就不会想到作弊。教师要常开教研会，针对教学中存在的问题互相讨论，找出解决方法，相互学习从而提高教学质量。

【思考题】

1. 为什么大学生考试作弊现象屡禁不绝？
2. 结合实际，想一下身边发生过的考试作弊行为有哪些类型？
3. 当代大学生应该如何树立诚信观念，杜绝考试作弊现象？

第二章
轻信网络假消息　散布谣言被拘留

随着信息时代的到来，网络平台对我们的生活和工作影响越来越大，不仅方便了我们的生活，也方便了我们的工作，但是事情都有两面性，在看到网络给我们带来方便的同时，我们也清楚地看到了，网络带给我们的麻烦。例如，网络谣言现象日益猖獗，处于目前这种形势，网络谣言的治理，已经成为我们当前不得不面临的一个重大问题。在当下社会，网络谣言大多是借助社交平台等一些新兴媒体产生的，从而拥有很大的破坏力，如果任由造谣、传谣者在网上兴风作浪、扰乱人心，必定会侵害社会主流价值观，激化社会矛盾，影响社会的发展，进而破坏国家的安定团结。

【学习目标】

1. 了解散布网络谣言的原因。
2. 掌握网络谣言的处置措施。
3. 掌握网络谣言的预防措施。

【典型案例】

案例一："告诉家人、同学、朋友暂时别吃橘子！今年某市的橘子在剥了皮后的白须上发现小蛆状的病虫。某省埋了一大批，还撒了石灰……"某年的一条短信这样说，此短信瞬间引起大量转发。它导致了一场危机：仅次于苹果的中国第二大水果柑橘——严重滞销。损失或达15亿元。该省农业厅对此事件辟谣，称传言不实。

案例二：一条内容"某高校被淹了，一天不上课，好开心好开心"的消息发出来后转发量迅速突破一百条，后经证实该消息为谣言，是作者为追求点击量，将若干年前的旧新闻图片配上该标题发出，本来想法就是说"雨太大，我们没上课"，发表一下感慨，但却造成了谣言的扩散，并且，面对铺天盖地的谣言，原作者没有进行辟谣，还在继续恶意评价，幸亏有知情在校生进行了辟谣。通过此条消息我们也看到了部分大学生的厌学情绪。

社会谣言案例、校园谣言案例，无不体现谣言传播的危害性，因此，对大学生通过网络进行谣言接收、传播及辟谣等问题现象分析，探讨谣言所折射出来的大学生思想心态，同时思考辟谣的应对方案。

第一节 网络散布谣言的原因

在这个自媒体的时代，网络的魅力不再仅是海量信息内容的零距离分享，它更是满足无数沉默我自展现的需要。面对如此庞大的网络平台，大学生这个群体却表现出了不该有的"积极"与"消极"，这值得关注，因此，我们在探讨谣言抑制方案之前，应该对谣言的生成追根溯源。

一、网络谣言的生成原因

（一）网络谣言的生成，源自网民制造。网络谣言依附于网络与社会的发展，只要社会中还存在矛盾，就会出现不同的"声音"，这也就给网络谣言的产生提供了最有利的条件。通过搜索引擎得知的"十大网络谣言"中我们可以发现，这些"流行"的网络谣言，无非分以下几类：首先，部分网络造谣者是为了发泄自身不满情绪而发的不实信息。如：当你每点一次社交软件自带的表情包"某某"后，就能赚一元钱，或是直接捏造的虚无事件，如："某地偷小孩现象严重，近期又出现了一百多人到某地区偷小孩"等。其次，有造谣者是为了个人利益需要而发布的虚假信息。如：某泡面品牌恶性竞争，散播其他同类型品牌的虚假消息，导致被恶意造谣品牌遭受巨大损失。这些网络谣言生成的起因不同，但结果相同，都是通过虚构事实，编造虚假信息，通过网络误导网民，造成舆论恐慌。

（二）造谣者对法律的漠然和无知。对法律的漠然和无知使大学生极容易成为网络谣言的"中间人"。他们虽然不是网络谣言的直接制造人，造谣者们在未经证实的情况下，将听说或在贴吧上偶然看到的信息，擅自发布在社交平台，促使网络谣言迅速扩散，这一行为极大地误导网民，甚至引起网民恐慌，扰乱公共秩序。如"某某县因吃鸡死亡三人，另外60名人员有接触现已隔离"，"昨晚11点多某高校女生宿舍惊现女鬼！"等网络谣言，都是造谣者"道听途说"，不经思考及证实，便开始在网络上肆意散布，同时对社会、对校园产生了极坏影响。

（三）网络谣言的再传播。网络谣言之所以能够不断扩散、传播，不单只是靠造谣者的第一次发布，更是因为有很多的相信谣言网友进行转发，传播给其他人。因此，网络谣言的生成也离不开"信谣者"在"相信"之后的再次传播。作为信息发布者，一些新闻媒体的社交平台公众号为抢时效、抢独家、抢关注度，也会出现未对消息来源进行事实证实，便直接发布的情况。如某一微信公众号在未经核实的情况下，编发了"某高速路出口车祸致9人受伤，目前2人死亡"的失实消息。由此可见，新媒体时代，在网络上发布消息时，应严格审核、发布信息前核实情况，尽可能避免网络谣言的生成。

（四）从心理方面看待如今谣言传播事件。美国学者桑斯坦在其著作《谣言》中将传谣者分为谋一己私利者、哗众取宠者、追求政治利益者和恶意中伤者。自媒体时代到来后，由此也产生了一系列自媒体人爆料的新闻事件。自媒体人由此获得心理认同感与满足感，同时深度体验作为传播者的身份认同。

二、网络谣言的危害性认识

谣言，就像一把软刀子，看似柔弱，却能造成严重的伤害。

（一）谣言造成的直面危害性。直接给侵害对象的心理、生活、声誉或利益造成巨大损失。例如：某年的"柑橘滋生蛆虫"的谣言经网上快速散播，导致了一场全国柑橘的销售危机，水果批发市场内，上千吨蜜橘滞销，随处可见腐烂变质的蜜橘；在某省，大约七成柑橘无人问津，损失达15亿元，更让许多以柑橘为生的农村家庭痛不欲生。

（二）谣言造成的间接危害性。所谓间接危害就是指本来初期是针对个人的谣言，经传播演变，就扩大到了集体、组织甚至社会的巨大负面影响。例如：某年关于某支教女大学生被灌醉轮奸的谣言事件，导致很多的网民对组织女大学生支教活动表示不满。网络谣言的侵害影响，经常会使受害者的名誉、精神长期处于被侵害当中；某年"某省一些地区要发生地震"的谣言经疯狂传播，致使民众对地震局的信任度下降。

三、网络谣言引发的不良影响

谣言一旦产生，就像癌症一样难以清除，其影响也是深远的。

（一）扰乱人们的思想、心理和行为。人们经常是为了一个虚假的谣言而表现种种不适当的行为，尤其是面对有关自己切身利益的谣传，人们就更容易失去理智，失去判断力，从而从内心深处觉得这就是真的，一传十，十传百，到最后人心惶惶。比如，某年6月正值南方首稻收割季节，为了抵制外省机械收割车队务工人员到本地抢揽生意，诸多社区论坛、个人社交平台发表或转载在某市境内多个县份出现外地车辆，光天化日在路上抢小孩的报道，甚至说到在校园门口抢夺家长手中的小孩，抱上外地车牌号的面包车飞驰而去。这种谣言严重扰乱了部分人群的思想和心理，从而产生恐慌的情绪。

（二）引发社会动荡，危害公共安全，损害公众利益。由于网络谣言的传播速度快捷、范围广，一旦一些危言耸听的谣言形成了一定规模，就会造成不良的影响，引起广大网民的慌乱，从而造成社会的不稳定。例如，2011年3月，日本发生9.0级大地震引发海啸，导致福岛核电站发生核泄漏，一些网民开始热议核辐射的影响。网络谣言乘虚而入，称海盐受到核污染，抢盐风潮开始爆发，再有"碘盐可以预防核辐射"，使公众在陷入恐慌中开始抢盐。之后权威部门辟谣。这一事件得益者是背后造谣的谋利组织，广大民众不明事实，自身利益受到了严重损失，造成了不小的社会震荡。

（三）误导社会大众舆论。网络的开放性使得网上各种流言、谣言蔓延，这些流言、谣言似是而非，混淆了人们的视野，导致了人们对社会主流意识形态的离心离德，污染了网络舆论环境，一些青少年社会经验不足，分辨能力、自控能力较弱，面对网络谣言，可能会对社会、对未来产生消极情绪，从而放弃精神追求和事业进取。有些谣言矛头指向企业，严重的会影响企业形象，甚至破产。

（四）破坏政府公信力，损害了国家形象。近年来，各地经济都在飞速发展，加快城市建设步伐也正如火如荼，建设征地和拆除违法建筑也是政府工作中遇到的一件大难事。某年，有人在某社区上发布信息称：某县政府指挥执法机关强拆违法建筑的民居房屋时，压死了还在屋内的一个人，压碎了屋内包括电视机、冰箱、沙发等所有的家具，该政府并扬言拆除造成的损失让所有违法建筑者自负。这样一份假信息在短短两天，竟然被转载到40多家网站和论坛，严重损害了政府的形象和破坏了政府的公信力，后经调查证实为谣言。可见，相对一般的网络谣言来说，相关政府的谣言更加具有传播延续力，因为重大政府事件是大多数民众都会首要关注的议题，一旦在政府决策上有什么重大的谣言，就会直接影响一个区域的稳定，甚至会引起社会的动荡。

第二节　网络谣言的处置方法

一、网络谣言不好处置的原因

（一）隐蔽性强，不易发现。当前网络信息传播渠道极广，网络安检部门发现谣言等有害信息的难度很大，部分利益群体建立群体内成员参加的微信群，群内成员才能看到发表的内容，有些为防止信息被公安机关获悉，对群内成员进行审核确认。还有社交软件群发表的一些有害信息不能及时删除，也会造成快速的扩散，即使对某个群进行关闭，他们也能方便地重新建立一个新群。

（二）部分谣言存在真实性，不易处置。部分群体在网上发表的信息具有一定的真实性，反映的问题在一定程度上确实是客观存在，因此不能作为谣言处置，例如：某年某月，某娱乐明星的出轨事件，被曝光后对当事人心理、生活以及家庭都造成了严重的影响。曝光者就是在钻法律的空子，因事情真实，无法作为谣言进行刑事处罚。

二、处置网络谣言的对策

面对网络上出现的诸多谣言，如何有效地发现和处置，总结如下：

（一）"软处置"。

（1）借助多方力量巡查。当前，网络信息量庞大，一方面，网络监察部门要建立完善的巡查监控机制，研究有效方法，合理分工，划分责任区，尽可能覆盖更大的巡查范围，对社交平台、社交软件等各种信息传播渠道巡查，确定重点，通过日常工作，不断积累确定经常在网上发表谣言和有害信息的重点网民，明确其发表信息的平台，开展针对性监控，更加快速准确地获取有价值信息。另一方面，要广泛发动单位网络安全员、网站版主管理员、重点社交软件群内成员及网上活跃网民，从中物建信息员，充分利用社会力量，及时发现网络谣言和有害信息。

（2）采取多种方式妥善处置。对发现的谣言和有害信息，核实确认后，快速通知、约谈有关管理员、群主，进行教育训诫，要求其删除谣言和有害信息。对有些谣言，可以官方身份发表公告，公布事实真相，制止谣言传播。对煽动集访、阻工、阻路等信息，及时发出预警，落地查证，由相关部门采取教育、训诫、控制等措施，网上网下同步开展工作，防止引发现实危害。

（二）"硬处理"。

对违法谣言散播者，依法进行打击。对已造成现实危害的，依法调查情况，落地查证，采取教育训诫、行政处罚、刑事打击等措施。例如：某市网民茅某，在某社交软件群内发表诋毁国家领导人的漫画，依法对其实施行政拘留处罚；某市部分出租车司机在某社交软件群内煽动罢运、信访滋事，经调查取证，对其少数带头滋事人员分别采取刑事强制措施和行政拘留，迅速控制事态，恢复正常交通运营秩序；对经常在网上发表诋毁国家制度和体制、损毁党和国家形象的网民，注意积累固定证据，根据相关法律法规，条件成熟时依法对其进行打击处理。

三、网络散布谣言需承担的法律责任

对于网络散布谣言需要承担的法律责任，主要分为三种责任：

（一）民事责任。如果散布谣言侵犯了公民个人的名誉权或者侵犯了法人的商誉，依据我国民法通则的规定，要承担停止侵害、恢复名誉、消除影响、赔礼道歉及赔偿损失的责任。

（二）行政责任。如果散布谣言，谎报险情、疫情、警情或者以其他方法故意扰乱公共秩序的，或者公然侮辱他人或者捏造事实诽谤他人，尚不构成犯罪的，要依据《治安管理处罚法》等规定给予拘留、罚款等行政处罚。

（三）刑事责任。如果散布谣言，构成犯罪的要依据《刑法》的规定追究刑事责任。《刑法》第291条之一规定，编造虚假的险情、疫情、灾情、警情，在信息网络或者其他媒体上传播，或者明知是上述虚假信息，故意在信息网络或者其他媒体上传播，严重扰乱社会秩序的，处三年以下有期徒刑、拘役或者管制；造成严重后果的，处三年以上七年以下有期徒刑。第246条规定，以暴力或者其他方法公然侮辱他人或者捏造事实诽谤他人，情节严重的，处三年以下有期徒刑、拘役、管制或者剥夺政治权利。

法律链接：

《治安管理处罚法》第25条规定："有下列行为之一的，处五日以上十日以下拘留，可以并处五百元以下罚款；情节较轻的，处五日以下拘留或者五百元以下罚款：（1）散布谣言，谎报险情、疫情、警情或者以其他方法故意扰乱公共秩序的；（2）投放虚假的爆炸性、毒害性、放射性、腐蚀性物质或者传染病病原体等危险物质扰乱公共秩序的；（3）扬言实施放火、爆炸、投放危险物质扰乱公共秩序的。"所以说，若散布谣言，公安机关可以依据上述规定对行为人进行处罚，派出所会依据规定，用传唤证对行为人进行传唤、查证、处罚。

第三节　网络谣言的预防措施

面对遍布网络，漫天飞舞的谣言，我们研究谣言的产生原因，谣言的危害性，谣言的相关处置，更需要研究谣言的预防措施。因此，处在大学校园内的大学生群体作为国家未来的希望，应该正确对待谣言的传播，并思考结合网络谣言传播本身的特点应该如何防控网络谣言。

一、及时发布真相，让谣言不攻自破

在网络传播环境中，传播结构发生了巨大变化，主流声音与网络信息需要自然顺畅对接。事件证据如果模糊不清，谣言的传播力度便会增大，传播速度越快，传播范围也就越广。谣言的传播过程中，最关键的是迅速及时地将真相传播，击破谣言。

二、设立网络监管机制

网络时代技术进步、社交平台众多，人人都有可能成为新闻人、传播者，校园内为预防谣言设立预警三级制：校级预警监察、院级预警监察及辅导员负责的班级预警监察。尤其是班级监控，离同学最近，最能及时把控突发情况，以及及时发现有苗头的人员。面对已发生情况，要采取积极的应对措施，有效阻止谣言蔓延，从源头上，对造谣者进行教育引导。

三、树立大学生正确的价值观念

（一）在思想教育方面，树立大学生面对谣言的正确态度与做法，树立正确的价值观念；

（二）召开有关谣言传播不良社会影响的主题班会，引导正确思维与做法；

（三）有关谣言危害的海报宣传，通过对谣言产生的危害性认识，以及具体的事例及图片，张贴在校园内，警醒大家。

四、做文明网络人

（一）不因个人情绪波动问题，在网络上发布不实信息及视频；

（二）不将别人隐私问题当做玩笑、为报复、为利益等原因公布出去；

（三）面对网络谣言，不盲目跟风，不乱转发，不评论；

（四）面对身边网络谣言，一经发现不实，有权利及时还原真相，公示大众，避免恶性谣言的传播。

【思考题】

1. 如何认识谣言传播的危害性？
2. 面对当今网络谣言现象，你有什么建议？

3. 案例分析：某年，某大学的一名学生在其社交平台中晒出该专业某机房更换五台电脑设备的图片，迅速引起了很多陌生网友的转发和评论。其中，有许多的负面评价。第二天经核查，该消息发布者未弄清事实情况下，加工了这条信息，还讽刺学校"近年是发了吧"，导致谣言的传播。并且，这条谣言在没有及时遏制的情况下，经网络恶意炒作，演变成"该校贵族化"的批判。所以，一条信息不全的微博一再被利用，演化出一系列的新闻事件，影响恶劣。

（1）学生发布该条不实消息的动机是什么？

（2）为什么该条不实信息会得到迅速的传播？

第三章
缺失信念遭洗脑　传播邪教被批捕

我国是一个多民族，多宗教的国家，道教、佛教、基督教、伊斯兰教等多种宗教并存。宗教文化的多元化形式丰富了中华民族文化，促进了民族团结，对推动中国社会主义和谐社会的发展道路，有很大的积极意义。由于宗教具有国际性、复杂性、长期性、民族性、群众性等特点，所以，有部分国外敌对势力，反宗教组织等不法分子利用宗教，通过所谓传播宗教的谎言蒙骗、蛊惑及控制群众思想，实行揽财，甚至做出危害国家安全的行为。这种组织，称之为邪教。

【学习目标】

1. 了解邪教的传播途径级危害。
2. 了解传播邪教的处置方法
3. 树立科学的思想意识，自觉抵制邪教思想侵害。

【典型案例】

案例一： 在某学院新老生报到期间，邪教组织利用校园人流量大、校园安保力量不足的节点，进入校园发放宣传资料，进入宿舍登记学生信息，建立社交软件群，吸纳学生参加其集会。邪教组织成员，通过社交软件鼓动学生发动周边同学等参与其组织的活动、缴纳奉献金。某学院在反邪教工作排查中，发现张某咨询该邪教组织相关事情，引起某学院反邪教协会高度重视，立即启动反邪教应急预案，对张某进行一对一帮心理辅导和思想引导。某学院反邪教协会工作人员，以学生身份加入该邪教组织社交软件群，获取其活动开展时间、地点，联合公安机关，依法取缔该邪教据点。

案例二： 李某以全校第二名的成绩考上了一所全国知名的师范大学，大学假期在社区公园被邪教组织人员诱惑，逐渐痴迷。成绩不断下降，放弃了从事教师事业的初衷，直至退学。退学后继续痴迷邪教，走火入魔，试图砍杀父母带他们一起"升仙"，在砍伤父亲、拖拉母亲跳窗未果的情况下，纵身从三楼跳下，导致身体多处骨折，落下终身的残疾。母亲为了照顾她，毅然辞去了她的工作，父亲的手因留下后遗症，被迫从一线岗位上退了下。自己的美好前程和家人的幸福生活被信邪教毁掉，现在李某对父母满怀歉疚，对青春满是悔恨。

第一节 邪教传播途径及危害

邪教的存在，是国家安全的潜在威胁，随时有可能造成重大冲击。他们通过各种途径非法组织、非法牟利、仇视社会、抵制科学，对人民、对社会、对国家造成了由点及面的严重危害。因而，邪教问题不容小视，反邪教道路任重道远，而大学生是祖国的未来，社会主义和谐社会的建设者和接班人，更是需要树立正确的价值观念，坚信科学，抵制邪教，更是要有分辨邪教是非的能力。

一、邪教传播途径分析

（一）通过专职人员亲自"传教"。所谓"传教人员"一般都是某个邪教组织，他们利用正当职业，以工作上的正常联系为由，通过各种手段接近大学生群体，进行"传教"。或利用社会活动与大学生沟通、交流，进而宣传邪教言论；或是利用资助贫困生的名义"传教"发展"教徒"，如在一些贫困地区，将贫困学生列为资助对象的首要条件是加入邪教组织，或利用贫困学生感恩的心理进行"传教"。

（二）通过传输读物对大学生进行"传教"。通过邮寄所谓的"宗教经书"、音像制品，或通过在大学周边及校内、宿舍楼内发放邪教传单或反动言论读物等。近年来，各地大学附近邪教宣传品传播的事件经常发生。其中不少邪教宣传品直接攻击我国社会主义制度，威胁社会和谐稳定。

（三）通过网络对大学生进行"传教"。互联网是当代大学生交流常用工具，覆盖全面，平台广大，再加上传统的大众传媒如电台、电视台、报纸等邪教组织很难接触与操控用其进行自由的邪教宣传。而网络这一平台集报纸、广播、电视三大传统媒体优势为一体，具有自己鲜明的传播特性：开放性、便捷性、互动性、自由性以及虚拟性等特点，再加上互联网传播成本较低，不易被监控，具有匿名性，观看人群庞大，为邪教传播对我国高校进行伪宗教宣传和渗透提供了传播平台。邪教组织通过网络设立网站，进行视频传播邪教言论，建立网络活动平台以及互动机制。设立邪教电商，进行邪教书刊和邪教用品销售；设立邪教网络学校，招收网络学生和信徒，建立邪教电子教务；通过给大众群发电子邮件进行邪教传播等。

大学生是网络最大的受众群体，因而所受影响极大，必须高度重视，积极采取抵制措施。

（四）利用高校的校园社团活动，课外实践活动等进行传播邪教行为。通过校园组织的社团活动，课外实习等接触涉世未深同学，以亲切，关心态度笼络学生，逐渐发展其为邪教教徒，使其泥足深陷，指使其为该邪教传播所谓"教义"，甚至做出违法以及伤害人身安全的事情。再例如，有的邪教人员利用各种培训活动的机会进行传教，如在组织一些类似文化论坛等活动过程中，打着某些专题文化培训的幌子，组织学生自费出游等，并在文化培训的过程中渗透和传播邪教的内容。

二、邪教的危害

邪教对于人类，不仅损害人的身体，而且腐蚀人的灵魂。邪教对于社会的危害是多领域、多方面的。

（一）危害国家政治稳定。邪教破坏国家安定团结的政治局面；向公职部门渗透，侵蚀国家机构；挑战现行政治体制，反对国家政权。

（二）危害国家经济秩序稳定。邪教非法敛财，危害人民群众财产安全，进行经济犯罪，破坏社会生产及财政金融秩序。

（三）危害社会秩序稳定。邪教破坏社会治安；蔑视法律，危害公共秩序；诬告滥诉，干扰司法正常进行；毒化社会风气；干涉婚姻，违背人伦，破坏家庭。

（四）危害社会思想稳定。邪教编造歪理邪说，制造思想混乱氛围，反科学、反文明，亵渎人文精神。

（五）践踏人权。邪教残害生命，践踏人的生命权；扼杀自由，侵害人的政治权，诋毁宗教，伤害信教群众的名誉权。

总而言之，邪教组织对我国高校进行宗教渗透，从事非法传教活动，发展信徒，企图通过传播伪宗教教义来操控信众，进而造成人们思想认识上的混乱，冲击主流价值体系，动摇马克思主义在意识形态领域的主导地位。邪教组织以宗教为伪装对我国高校进行的思想传播和价值观的渗透所产生的冲击和挑战是十分明显的。因而我们必须保持清醒的头脑，利用有效的武器去反击邪教的传播。

第二节 传播邪教的处置方法

一、从国家法律层面来看

对于此类邪教组织的处置方案，国家有明确法律法规——《最高人民法院、最高人民检察院关于办理组织、利用邪教组织破坏法律实施等刑事案件适用法律若干问题的解释》：为依法惩治组织、利用邪教组织破坏法律实施等犯罪活动，根据《中华人民共和国刑法》《中华人民共和国刑事诉讼法》有关规定，现就办理此类刑事案件适用法律的若干问题解释如下：

第一条 冒用宗教、气功或者以其他名义建立，神化、鼓吹首要分子，利用制造、散布迷信邪说等手段蛊惑、蒙骗他人，发展、控制成员，危害社会的非法组织，应当认定为刑法第三百条规定的"邪教组织"。

第二条 组织、利用邪教组织，破坏国家法律、行政法规实施，具有下列情形之一的，应当依照刑法第三百条第一款的规定，处三年以上七年以下有期徒刑，并处罚金：

1. 建立邪教组织，或者邪教组织被取缔后又恢复、另行建立邪教组织的；

2. 聚众包围、冲击、强占、哄闹国家机关、企业事业单位或者公共场所、宗教活动场所，扰乱社会秩序的；

3. 非法举行集会、游行、示威，扰乱社会秩序的；

4. 使用暴力、胁迫或者以其他方法强迫他人加入或者阻止他人退出邪教组织的；

5. 组织、煽动、蒙骗成员或者他人不履行法定义务的；

6. 使用"伪基站""黑广播"等无线电台（站）或者无线电频率宣扬邪教的；

7. 曾因从事邪教活动被追究刑事责任或者二年内受过行政处罚，又从事邪教活动的；

8. 发展邪教组织成员五十人以上的；

9. 敛取钱财或者造成经济损失一百万元以上的；

10. 以货币为载体宣扬邪教，数量在五百张（枚）以上的；

11. 制作、传播邪教宣传品，达到下列数量标准之一的：

（1）传单、喷图、图片、标语、报纸一千份（张）以上的；

（2）书籍、刊物二百五十册以上的；

（3）录音带、录像带等音像制品二百五十盒（张）以上的；

（4）标识、标志物二百五十件以上的；

（5）光盘、U盘、储存卡、移动硬盘等移动存储介质一百个以上的；

（6）横幅、条幅五十条（个）以上的。

12. 利用通讯信息网络宣扬邪教，具有下列情形之一的：

（1）制作、传播宣扬邪教的电子图片、文章二百张（篇）以上，电子书籍、刊物、音视频五十册（个）以上，或者电子文档五百万字符以上、电子音视频二百五十分钟以上的；

（2）编发信息、拨打电话一千条（次）以上的；

（3）利用在线人数累计达到一千以上的聊天室，或者利用群组成员、关注人员等账号数累计一千以上的通讯群组、微信、微博等社交网络宣扬邪教的；

（4）邪教信息实际被点击、浏览数达到五千次以上的。

13. 其他情节严重的情形。

第三条 组织、利用邪教组织，破坏国家法律、行政法规实施，具有下列情形之一的，应当认定为刑法第三百条第一款规定的"情节特别严重"，处七年以上有期徒刑或者无期徒刑，并处罚金或者没收财产：

（1）实施本解释第二条第一项至第七项规定的行为，社会危害特别严重的；

（2）实施本解释第二条第八项至第十二项规定的行为，数量或者数额达到第二条规定相应标准五倍以上的；

（3）其他情节特别严重的情形。

第四条　组织、利用邪教组织，破坏国家法律、行政法规实施，具有下列情形之一的，应当认定为刑法第三百条第一款规定的"情节较轻"，处三年以下有期徒刑、拘役、管制或者剥夺政治权利，并处或者单处罚金：

（1）实施本解释第二条第一项至第七项规定的行为，社会危害较轻的；

（2）实施本解释第二条第八项至第十二项规定的行为，数量或者数额达到相应标准五分之一以上的；

（3）其他情节较轻的情形。

第五条　为了传播而持有、携带，或者传播过程中被当场查获，邪教宣传品数量达到本解释第二条至第四条规定的有关标准的，按照下列情形分别处理：

（1）邪教宣传品是行为人制作的，以犯罪既遂处理；

（2）邪教宣传品不是行为人制作，尚未传播的，以犯罪预备处理；

（3）邪教宣传品不是行为人制作，传播过程中被查获的，以犯罪未遂处理；

（4）邪教宣传品不是行为人制作，部分已经传播出去的，以犯罪既遂处理，对于没有传播的部分，可以在量刑时酌情考虑。

第六条　多次制作、传播邪教宣传品或者利用通讯信息网络宣扬邪教，未经处理的，数量或者数额累计计算。

制作、传播邪教宣传品，或者利用通讯信息网络宣扬邪教，涉及不同种类或者形式的，可以根据本解释规定的不同数量标准的相应比例折算后累计计算。

第七条　组织、利用邪教组织，制造、散布迷信邪说，蒙骗成员或者他人绝食、自虐等，或者蒙骗病人不接受正常治疗，致人重伤、死亡的，应当认定为刑法第三百条第二款规定的组织、利用邪教组织"蒙骗他人，致人重伤、死亡"。

组织、利用邪教组织蒙骗他人，致一人以上死亡或者三人以上重伤的，处三年以上七年以下有期徒刑，并处罚金。

组织、利用邪教组织蒙骗他人，具有下列情形之一的，处七年以上有期徒刑或者无期徒刑，并处罚金或者没收财产：

（1）造成三人以上死亡的；

（2）造成九人以上重伤的；

（3）其他情节特别严重的情形。

组织、利用邪教组织蒙骗他人，致人重伤的，处三年以下有期徒刑、拘役、管制或者剥夺政治权利，并处或者单处罚金。

第八条　实施本解释第二条至第五条规定的行为，具有下列情形之一的，从重处罚：

（1）与境外机构、组织、人员勾结，从事邪教活动的；

（2）跨省、自治区、直辖市建立邪教组织机构、发展成员或者组织邪教活动的；

（3）在重要公共场所、监管场所或者国家重大节日、重大活动期间聚集滋事，公开进行邪教活动的；

(4) 邪教组织被取缔后,或者被认定为邪教组织后,仍然聚集滋事,公开进行邪教活动的;

(5) 国家工作人员从事邪教活动的;

(6) 向未成年人宣扬邪教的;

(7) 在学校或者其他教育培训机构宣扬邪教的。

第九条 组织、利用邪教组织破坏国家法律、行政法规实施,符合本解释第四条规定情形,但行为人能够真诚悔罪,明确表示退出邪教组织、不再从事邪教活动的,可以不起诉或者免予刑事处罚。其中,行为人系受蒙蔽、胁迫参加邪教组织的,可以不作为犯罪处理。

组织、利用邪教组织破坏国家法律、行政法规实施,行为人在一审判决前能够真诚悔罪,明确表示退出邪教组织、不再从事邪教活动的,分别依照下列规定处理:

(1) 符合本解释第二条规定情形的,可以认定为刑法第三百条第一款规定的"情节较轻";

(2) 符合本解释第三条规定情形的,可以不认定为刑法第三百条第一款规定的"情节特别严重",处三年以上七年以下有期徒刑,并处罚金。

第十条 组织、利用邪教组织破坏国家法律、行政法规实施过程中,又有煽动分裂国家、煽动颠覆国家政权或者侮辱、诽谤他人等犯罪行为的,依照数罪并罚的规定定罪处罚。

第十一条 组织、利用邪教组织,制造、散布迷信邪说,组织、策划、煽动、胁迫、教唆、帮助其成员或者他人实施自杀、自伤的,依照刑法第二百三十二条、第二百三十四条的规定,以故意杀人罪或者故意伤害罪定罪处罚。

第十二条 邪教组织人员以自焚、自爆或者其他危险方法危害公共安全的,依照刑法第一百一十四条、第一百一十五条的规定,以放火罪、爆炸罪、以危险方法危害公共安全罪等定罪处罚。

第十三条 明知他人组织、利用邪教组织实施犯罪,而为其提供经费、场地、技术、工具、食宿、接送等便利条件或者帮助的,以共同犯罪论处。

第十四条 对于犯组织、利用邪教组织破坏法律实施罪、组织、利用邪教组织致人重伤、死亡罪,严重破坏社会秩序的犯罪分子,根据刑法第五十六条的规定,可以附加剥夺政治权利。

第十五条 对涉案物品是否属于邪教宣传品难以确定的,可以委托地市级以上公安机关出具认定意见。

第十六条 本解释自2017年2月1日起施行。《最高人民法院、最高人民检察院关于办理组织和利用邪教组织犯罪案件具体应用法律若干问题的解释》(法释〔1999〕18号),《最高人民法院、最高人民检察院关于办理组织和利用邪教组织犯罪案件具体应用法律若干问题的解释(二)》(法释〔2001〕19号),以及《最高人民法院、最高人民检察院关于办理组织和利用邪教组织犯罪案件具体应用法律若干问题的解答》(法发〔2002〕7号)同时废止。

二、从学校管理层面来看

根据高校学生管理规定，为维护学校正常的教育、教学和生活秩序，保障学生合法权益，培养德智体美劳等全面发展的社会主义建设者和接班人，依据《教育法》《高等教育法》《普通高等学校学生管理规定》以及有关法律、法规，结合学校实际，学校发现学生在校内有违法行为或者严重精神疾病可能对他人造成伤害的，可以依法采取或者协助有关部门采取必要措施。同时，学校坚持教育与宗教相分离原则。任何组织和个人不得在学校进行宗教活动。

三、从在校学生层面来看

未踏入社会阶段的在校学生，思想都较为的单纯，大学生活虽然也是在学校，但是大学阶段不同于初高中和小学，大学是一个思维较为开放的人生过渡场所，许多好的不好的社会气息也都会传播进入校园，在这种情况下，大学生应该擦亮双眼，拥有明辨正常宗教与邪教的能力；保持高度的戒备心；遇到疑似邪教分子要提高警觉，切勿正面冲突，保持理智，及时汇报给老师；并提醒身边亲人、朋友，远离邪教分子，切勿相信花言巧语。具体处置如下：

首先，不听、不信、不传。不听邪教分子的任何言论宣传，不相信邪教分子所说的"鬼话"，更不要帮邪教组织去传播不良思想言论。如果身边亲戚朋友有人信邪教，要从帮助、关心的角度去友善的提醒他们，不要上当。

其次，举报揭发邪教的非法行为。遇到邪教在传播不良言论、伪宗教教义等行为，更甚至是看到非法聚会，做破坏活动时，一定要在保证自身安全的前提下，第一时间报告给学校老师甚至是公安机关。不然，邪教人员就算不在学校附近宣传，也会去其他学校，其他公共场所去传播不良言论，蛊惑人心。

再次，大学生也要从自身内在进行修养，相信科学，破除迷信；正确对待人生道路中遇到的坎坷，增强自我抗挫折能力；树立科技和勤奋才能成就未来的思想，千万不能相信邪。

第三节 预防邪教的措施

大学校园传播邪教会对个人、对家庭、对学校、甚至对社会造成难以估量的危害，让人追悔莫及。如何做到预防邪教传播与发生，广大师生都应该认真贯彻国家法律法规，增强辨别邪教是非能力，远离邪教。

一、从学校管理角度来看

（一）设立防邪教选修课，增强大学生对邪教和正常宗教的鉴别力。大学可以设立和宗教有关的"宗教学理论"相关选修课程，使大学生对各个宗教有明确科学的认知；通过向大学生推荐课外健康的宗教书籍，进一步拓展大学生对宗教知识的视野，认清宗教的本质；同时需要专门开设反邪教选修课，才能逐步使学生认清哪些是合法的宗教，哪些是邪教。对于那些已经被邪教组织完全洗脑、陷入其中不能自拔的大学生，要通过学校公安部门、宣传部门、学生管理部门、书院、学生党团组织、辅导员、班主任等部门和人员，坚持不懈地耐心细致地做好转化工作。

（二）通过"形势与政策"课程，引导大学生正确看待国情。要使大学生对国情有正确的认识，就一定要提高所有大学教师对国情的认识水平，正是由于大学教师对国情看法不一，加上学生的逆反心理，使他们更愿意相信那些对国情的负面判断，因此，在对全体教师经常进行的国情培训的基础上，强调"学术无禁区、宣传有纪律"的责任意识教育和负面宣传的追责处罚更为重要。要通过大学普遍开设的"形势与政策"课，辅之以时事讲座，提高大学生对国情的判断能力，要留一定时间与学生互动，对学生提出的问题必须尽力回答，更不能忽视部分学生提出的"出格"问题的耐心细致的解答。

（三）通过"第二课堂"，开展"反邪教"主题的校园活动。对于当代大学生来说，校园是他们的第二课堂，是他们学习和生活的重要场所，大学生健康人格的完善依靠文化的沉淀和环境的熏陶，校园文化同时也影响着大学生人格的完善。积极开展丰富多彩、积极向上、学生喜闻乐见的学术、科技、体育、创业、文艺等活动，丰富学生的第二课堂；开展以"崇尚科学，反对邪教"为主题的校园活动，例如演讲、辩论、征文、主题班会、团日活动等；开展中国传统文化教育，用优秀的传统文化感染和陶冶学生的心灵和情操，占领学生的主要思想阵地，潜移默化地对学生的精神世界产生深远的影响。

（四）营造文明网络空间。对于现当代的大学生来说，网络已经成为他们不可或缺的获取知识和与外界保持沟通交流的必要手段，部分大学生在现实生活中曾经遭受过挫折，因此，网络的虚拟环境更成为他们逃避现实的精神寄托。对现实自我和社会的强烈不满使得少数大学生更容易被邪教的歪理邪说所诱惑，所以，净化网络环境，及时过滤"钓鱼网站"尤其是邪教组织发布的反动言论是各个网站管理者敬业精神和社会责任的体现。

（五）加强大学生环境适应力教育。走进大学，不仅需要学生加强学习方法的教育，还需要加强人际交往、价值观、恋爱观、就业观、创新能力、抗挫折能力等多方面的培养教育。加强人际交往能力，是进入大学以及走进社会的基本需要；加强恋爱观教育，正确对待失恋和网恋等问题；好奇心是大学生创新能力的培养的引导，尤其要正确引导热爱科学，破除迷信的思维；加强抗挫折能力，提高失败的心理承受能力，吸取经验，科学的对待人生环境，避免心理问题。

（六）加强对特殊学生的关注，避免误入邪教。据调查统计，高达83.94%的学生认为精神空虚的时候最容易加入邪教，余下分别是：身体受病情困扰，经常为养老或生病的治疗问题而担心；金融危机下，心理失衡，急需寻求心理安慰和寄托；家庭条件不好，经济收入比较低；人际关系难以处理；家人或朋友的劝说。中国反邪教网站刊登的相关数据也表明，精神空虚是导致大学生误入邪教的重要因素。因此，大学辅导老师要时刻关注和注意学生中一些对邪教有暧昧、倾向心理的学生，及时帮助、引导学生正确思想，加强对学生心理健康教育的引导。此外，需要寻求心理安慰和寄托、人际关系不好等因素也都容易导致学生误入邪教。

因此，要做到及时发现学生的困难和问题并引导学生走出阴影，建立特殊学生记录表，用于关注学生心理健康，人际关系等状况，以便及时把控与处理，避免学生误入邪教。

二、从学生角度来看

（一）在大学生活中要绷紧"一根弦"，增强辨别力。大学生活较之高中生更为分丰富，各种校园活动、社团活动、学生群体会带来来自不同渠道的信息和感悟。但大学生们对此不能照单全收，要心中有"一根弦"，细观察、慎考证、缓加入，不让邪教乘虚而入，使自己成为邪教的猎物。

（二）要做家人的知识慧眼，不要被亲情裹挟着加入邪教。大学打开了一个全新的知识境界，大学生应该引领时代风尚，树立科学精神。一旦发现家人练习，如邪教组织已开展不法活动，要想办法用自己掌握的知识帮助他们辨明真相、走出泥潭，必要时求助社会力量帮助，切不要被亲情裹挟，自己也坠入邪教。

（三）在学习知识的同时，提高认识和处理周边事物的能力。进入大学以后，要增智商、涨情商。不能因为走入大学，就认为是天之骄子，祖国的未来，而任意妄为，要虚心听取师长和学校的教诲。事实证明，高学历和高智商并不天然对邪教免疫，邪教远比想象中狡猾，校园反对邪教要借助各方的力量，要从善而流，多听取意见。

（四）不慎步入邪教不要自暴自弃，要学会"凤凰涅槃、浴火重生"。要相信反对邪教，大学生们绝不是单打独斗，社会对误信邪教者有着很大的包容，有大量反邪教志愿者正在努力帮助误入歧途者走出邪教的泥潭。年轻不怕犯错，怕的是错而不改，执迷不悟。为了师长的信任，家人的期望，社会的关爱，即便是误入邪教，也要战胜自我，重获新生。

【思考题】

案例分析：

有两女一男在广东某学院散布"世界末日"谣言，警方将其抓获并作出行政拘留5日的处罚决定。其中，潘某（女）未满18岁，未执行处罚；另有一人是该学院的大一学生。据悉，其母与其姐均是某邪教组织人员，她自今年8月入教后，在学校所在地参加过两三次邪教组织聚会，每次均有四五人参加。

1. 该事件暴露了学生怎样的心理状况？
2. 应该如何树立正确的宗教观念？

第四章
目无法纪自逞强　涉"黄赌毒"被处罚

在社会多元化的蓬勃发展下，一些不良社会现象夹杂其中。酗酒、赌博、涉黄、吸毒等社会不良风气流入大学校园这片净土，让许多涉世未深的大学生们沉醉其中，迷失了方向。

【学习目标】

1. 了解"黄赌毒"的危害。
2. 了解我国法律对"涉黄、涉毒、涉赌"人的处罚规定
3. 大学生应该坚持社会主义核心价值观，抵制"黄赌毒"及酗酒滋事。

【典型案例】

案例一： 某高校大二学生过生日，请同学吃饭。陈某本不善喝酒，但为了所谓的诚意，一直陪大家一起喝。最后，一桌子人都醉醺醺的结账离开了饭店，回到宿舍倒头就睡，谁也没有注意到陈某还未回宿舍。喝醉的陈某倒在了路边雪地上，直到凌晨三点被路过的居民发现，送到医院后经检查，右手小拇指已严重冻伤，需要截肢。

案例二： 某高校大四学生小张等人一同参加同学小刘的生日聚会，11人总共喝了4瓶白酒、1箱啤酒，其中小张一人就喝了1斤多白酒和2瓶啤酒。聚会结束后，小张呕吐不止，同学将其送至酒店休息。第二天凌晨，室友发现小张已没有鼾声，连忙拨打120急救。经过半个多小时的抢救，医生最终确认小张死亡。事发后，小张的家属情绪激动，无法接受孩子突然去世的事实，认为餐馆、学校以及其他10名学生对小张的死亡负有主要责任，向学校提出了共计300万的赔偿。学校和家长双方找到司法所求助。司法所调解员解释，18周岁以上的公民为完全民事行为能力人，需要为自己的行为负责。小张是成年人，明知酗酒危害无穷，却依然放纵自己过度饮酒，导致醉酒身亡的严重后果，自身存在过错，应当承担主要责任。最终出于人道主义由学校及其他10名学生共同支付张某父母共计25万元慰问补偿金。

案例三： 某高校一名学生，一个偶然的机会接触了网络赌博，刚开始是偶尔玩一下，

赢了一些钱，感觉找到了一个既喜欢又能挣钱的事情，后来慢慢开始输钱，每次输钱都想着下次捞回来，就这样向同学们开始借钱，还逃课去玩，上大二的时候，由于不及格科目太多，导致留级。留级后，本想好好学习，可是由于欠债又去赌，结果可想而知，第二学期家里给的学费也输了，于是开始接触校园贷，就这样，刚开始借了1 000元，输了以后还不上，又开始拆西墙补东墙，从其他借贷平台上借钱，就这样日积月累的输了几万元，也欠了很多贷款平台的钱，每次都是想赢回来就不玩了，可是，越陷越深，连本带利又欠了好几万元，不知道怎么办，也不知道该怎么跟家人说，最后选择一死了之。

案例四： 某高校24岁大学生王某，从父母那里拿1 500元作为生活费，可是在某赌场打牌赌博，将1 500元输光，已饿了两天的王某坐在公路旁的大树下，罪恶的念头在他脑海中出现了：寻找机会抢劫。当日下午，女青年龚某路过时被王某掀翻，龚某大声呼救，王某掏出水果刀向其猛刺，龚某倒下身亡。王某从龚某挎包中搜出45.5元钱和一部旧手机。王某脱下上衣擦干手上的血迹，突然感到后怕。他自杀未遂，用死者的手机报警，向公安机关自首，随即被刑拘。

案例五： 某高校大学生陈某，应朋友邀请到KTV唱歌。在KTV包厢里，陈某轻信了朋友"吸一点，不会上瘾"的劝说，半推半就地用吸管吸了毒。从此一发不可收拾，吸毒的次数越来越多，慢慢地染上了毒瘾。寒假结束后，陈某更是拿着父母给的全部学费和生活费，谎称上学而离开了家，在某村庄租了一处民房开始了他的职业吸毒生涯。数日后，陈某谎称学校马上要安排他们实习，要求父母每月给1 000元生活费，之后拿着父母给的生活费，陈某过上了上午睡觉，下午闲逛，晚上吸毒的生活。一天深夜，几个毒友正聚在陈某租住的地方吸毒，被民警逮个正着。第二天，陈某父母接到民警打来的电话，在得知儿子吸毒被抓时，陈母当时就晕倒在地。后来，陈某被送到某强制戒毒所去强制戒毒。

一个个惨痛的案例刺激着我们，同时告诫大家：为了自己的前途和生命，请远离酗酒、赌博、涉黄、吸毒等污浊场所，要充分了解其危害性；了解相关的法律法规；了解学校的处罚措施以及我们来如何避免及预防此类现象的发生。

第一节 酗酒滋事、涉"黄赌毒"的危害

当代大学生在网络发达的环境下，个性张扬独立，但自制力较差，很容易被社会不良风气侵蚀，大学校园内酗酒、赌博、涉黄、吸毒等问题频出，产生的危害性极大，一旦出现，轻则学校处罚，重则触犯法律，对自己、对他人、对家庭、对社会都会造成严重的危害。

一、大学生酗酒、赌博、涉黄、吸毒的原因

（一）家庭方面的原因。主要包括：家庭不和，父母与子女沟通较少；家庭成员中有人做出错误示范，误导了大学生；家庭成员从事不法经营活动等。

（二）学校方面的原因。大学生处于青春期，对校外的很多事情有着强烈的好奇心理，而不少高校单纯追求毕业率，放松了对大学生的法制教育，使大学生缺乏必要的法律认知和道德认知。在这种环境中，大学生很容易误入歧途，沾染上酗酒以及"黄赌毒"等不良习惯。

（三）社会方面的原因。从大量青少年违法犯罪的案例中可以看出，受不良文化影响并导致违法犯罪的情况不在少数。受淫秽影视和网站内容的刺激，不少大学生因为无知而刻意模仿一些影视行为，最终导致犯罪。

（四）情感方面的原因。大学生都正值青春妙龄，风华正茂，生理成熟，校园恋爱已成普遍现象，但好多人对恋爱过于投入，导致失恋难以承受，借酒消愁，消极怠学。

（五）大学生自身的原因。主要包括：没有树立正确的世界观、人生观、价值观、恋爱观，缺乏明辨是非的能力和基本判断力；法律意识淡薄，抵挡不住诱惑；交友不慎，误入歧途；贪图享受，好逸恶劳；爱好面子以及借酒消愁等等。

二、大学生酗酒、赌博、涉黄、吸毒产生的危害

（一）酗酒危害。

1. 伤害身心。

（1）危害生理健康。某大学生苏某，是个文质彬彬的学生，但平时喜爱喝酒，他在庆祝自己22岁生日时，20分钟内连喝20杯啤酒，脸色变蓝，失去知觉，最终死在医院。酗酒会使酒中所含有的甲醇持续损害视网膜，从而导致视力迅速下降，甚至失明；酒中的酒精在体内有95%是通过肝脏来吸收解毒，酗酒会导致脂肪肝，形成肝硬化；酗酒还会导致多种消化器官疾病，降低人体呼吸道系统的防病毒能力，使人体的癌细胞增多，诱发多种心脏病变。有资料表明，因酗酒中风而死亡者为不饮酒者的3倍，酗酒者的平均寿命较不饮酒者，要少至15年左右。大学生正处于成长发育阶段，身体的各部器官尚不完全成熟，酗酒对身体的损伤更加严重，将直接影响到生理机能的正常发育。

（2）危害心理健康。古人云："酒能乱性失德"。酒精对人的各种感觉器官产生不同程度的影响，造成一系列心理疾患。酗酒会使人脑器官组织损伤，出现记忆减退、意识障碍、反应迟钝、过度兴奋、动作不协调，导致酒精中毒性精神病和中毒性幻觉症等精神异常病症，使人变得待人冷漠或不可理喻；酗酒会使人精神恍惚，没有家庭责任心，还愤恨自己的亲人，埋怨怀才不遇，甚至觉得全世界的人都对不起自己的不健康心态；酗酒还会导致思维能力下降，对事物的分析、判断能力减弱，智力衰退，甚至会出现妄想、幻觉，诱发人格改变和反常行为，表现为焦虑、烦躁、抑郁情绪，严重者还会产生自杀念头。

2. 危害成长成才。

专家实验表明，大学生正处成长发育期，酗酒会使生殖器官正常功能衰退，性成熟推

迟 2~3 年；酒后更是使人昏昏欲睡，精力分散，直接影响人的思维和注意力，从而影响正常的学习和休息；酗酒导致思维迟缓，记忆力和判断力下降，致使智力减退，学习效率下降，学习退步，况且，醉酒后，大脑和身体的恢复又有一个过程，对学业的影响极大；大学生酗酒醉后的兴奋状态常会失态，神志不清还会引发有悖于社会公德，甚至做出伤及他人或使自己遭到意外伤害的行为，由此滑向违法犯罪的深渊，受到法律制裁，荒废了学业，断送了大好的前程。

3. 危害学业和生活。

大学生是现代科学知识的载体，他们带着金色的理想、学习成才的愿望跨进大学校园，使大学殿堂充满昂扬向上的朝气。如果经常酗酒肯定会影响学业，浪费学习上太多的时间，耽误学业，大学期间一无所获，这样的话是得不偿失的。经常酗酒也会影响个人心情，借酒精麻痹自己的神经，等清醒过来会烦躁不安，如此循环，脾气会变的暴躁，不可理喻，身边的朋友也会敬而远之；有的大学生更是把喝酒养成了习惯，不喝难受，也就是俗称的上瘾，时间长了，不能自控，整日以酒精麻痹自己，感觉一醉解千愁，却想不到醒来之后还要面对生活，浑浑噩噩，虚度一生，最后自己一无所有；有的学生经常酗酒肯定是要花钱，但是自己又控制不住自己，在喝酒成瘾而又囊中羞涩的情况下，还可能养成偷盗的坏习惯，对个人成长极为不利，也会逐渐导致个人价值观的缺失。

4. 危害校园秩序。

大学生酗酒不仅酿成个人、家庭和社会悲剧，还危及到校园公共秩序、公共权益和和谐校园建设。威斯康星大学一项调查表明，有 29% 的学生因酗酒而旷课，校园中有 25% 的暴力犯罪和近 60% 的野蛮行为与酗酒有直接关系，19% 的大学生和萍水相逢的异性发生性关系也是和酗酒有关。虽然大学生酗酒并非经常引发死亡事件，但会在校园内引发一系列的严重后果。大学生饮酒时间通常集中在夜间，地点除校园及周边小吃摊点外，在宿舍内喝酒现象也相当普遍。在宿舍内酗酒吵闹得左邻右舍彻夜难眠，在校外酗酒后，深夜喧嚣回校更是扰得校园不得安宁，且酒后滋事伤害事件也频频发生，严重干扰了校园正常的作息制度和公共秩序，侵犯了他人的正当权益，影响了校园稳定。大学生酗酒引发的校园安全事件，严重影响了学校办学声誉和形象。

5. 诱发犯罪行为。

有的学生喝酒之后因为控制不住自己的情绪，甚至会打架闹事、聚众斗殴，造成严重后果，影响同学关系和校园安全，违反校规校纪甚至法律法规，最后面临的一定是严重的处分及刑罚。

(二) 赌博危害。

1. 沉迷赌博容易走上犯罪道路。

俗话说"十赌九输"，输了就想再赌。大学生一旦陷入赌博的漩涡，一开始可能是把生活费、学费输光，接着可能会通过借钱凑赌资，当借的钱也输光无法再向周围的人借到钱以后，可能通过非法校园贷，也可能去盗窃，走上犯罪道路；更严重的，还可能出现绑架勒索他人等严重的犯罪行为。

2. 沉迷赌博容易荒废学业和出现违纪行为。

大学生赌博方式多样，不管哪一种方式其实都是劳心劳力的事情，不但需要消耗精力又要浪费时间，这必然导致作息不正常，甚至黑夜白天颠倒，于是难免会出现迟到、早退、旷课的现象。就算勉强走进教室，也会因为精神萎靡不振而无法集中注意力听课，更没时间钻研专业知识，如此一来学业必定会被荒废，同时，有的学生为了赌博，把学费、生活费赌进去，导致学费无法按时交，无生活费后的生活质量也严重下降；有的学生为了赌博甚至用国家给予的助学贷款进行赌博，严重影响了国家的管理秩序。如某大学一大四学生竟在半个月内因打麻将输掉了 3 000 多元助学贷款。

3. 沉迷赌博容易影响人际关系。

赌博一般是群体性的行为，直接牵涉到人际关系的培养，大学生一旦参与赌博，赢了还想赢，输了就想赢回来，没钱就会向同学或朋友借钱，借钱输光无法按时偿还的话，势必会影响到同学之间、朋友之间的关系。同学、朋友之间互助互爱的感情就会变质，不满意、不信任的气氛也必然会产生。时间一长，甚至会众叛亲离。同时大学的赌博现象，打乱了学校正常的学习、生活秩序，也使参赌人员的身心健康受到严重威胁。

（三）涉黄危害。

大学生身体发育已趋于成熟，性意识已经明确，卖淫嫖娼、随意发生性关系，易传染艾滋病等疾病，既危害身心健康，又危害家人。如果整日只知寻求欲望的满足，势必要大大消耗身体，极不利于健康成才；在欲望得不到满足的情况下，容易形成心理障碍或心理疾病。

（四）吸毒危害。

毒品传染各种皮肤病、性病，吸毒也是传播艾滋病的元凶之一；吸毒败坏社会风气，腐蚀人的灵魂，摧毁民族精神；毒品严重危害人体健康，使大脑、心、肝、肺、胃等脏器发生严重病变；毒品在危害吸食者身体的同时，还对他们的精神造成极大伤害。同时吸毒和犯罪也是一对"孪生兄弟"，吸毒者在耗尽个人和家庭钱财后就会铤而走险，走上违法犯罪的道路，引发贩毒、贪污、诈骗、盗窃、抢劫、凶杀等犯罪活动。

总之，大学生必须充分认识到酗酒、赌博、涉黄、吸毒的危害性，加强自身的学习和修养，培养高尚的情操和道德观念，同时，学校也将针对种种危害设立相对应的学院预警机制，对恶习进行有效的抑制和改善。

第二节　处置措施

俗话说"千里之堤，毁于蚁穴"，走进大学校园的学子们都是经过多年奋斗，考进理想学府，千万不可因为沾染不良社会恶习，最后造成不可挽回的遗憾。要从进入大学的第一天开始就从思想上筑起保护墙，并从思想上充分认识接触不良社会恶习的危害，以及国家、学校面对该类现象应该如何对待及处置。

一、关于聚餐酗酒的法律条文和相关规定

酗酒当事人的法律责任：18周岁以上的公民为完全民事行为能力人，需要为自己的行为负责。明知酗酒危害无穷，却依然放纵自己过度饮酒，导致醉酒伤亡的严重后果，自身存在过错，应当承担主要责任。

共同饮酒人的法律责任：喝酒者醉酒后猝死，共同饮酒人未尽到伙伴注意义务，酒吧经营者未尽到安全保障义务，均构成不作为侵权，应当承担侵权责任。《中华人民共和国侵权责任法》第十六条　侵害他人造成人身损害的，应当赔偿医疗费、护理费、交通费等为治疗和康复支出的合理费用，以及因误工减少的收入。造成残疾的，还应当赔偿残疾生活辅助具费和残疾赔偿金。造成死亡的，还应当赔偿丧葬费和死亡赔偿金。

《普通高等学校学生管理规定》（中华人民共和国教育部令第41号）规定：学生应当自觉遵守公民道德规范，自觉遵守学校管理制度，创造和维护文明、整洁、优美、安全的学习和生活环境。学生不得有酗酒、打架斗殴、赌博、吸毒，传播、复制、贩卖非法书刊和音像制品等违反治安管理规定的行为；不得参与非法传销和进行邪教、封建迷信活动；不得从事或者参与有损大学生形象、有损社会公德的活动。

二、关于赌博、涉黄、吸毒的法律条文和相关规定

第一，《全国人民代表大会常务委员会关于惩治走私、制作、贩卖、传播淫秽物品的犯罪分子的决定》第二条规定："以牟利为目的，制作、复制、出版、贩卖、传播淫秽物品的，处三年以下有期徒刑或者拘役，并处罚金；情节严重的，处三年以上十年以下有期徒刑，并处罚金；情节特别严重的，处十年以上有期徒刑或者无期徒刑，并处罚金或者没收财产。"

第二，《全国人民代表大会常务委员会关于禁毒的决定》第三条规定："禁止任何人非法持有毒品。非法持有鸦片一千克以上、海洛因五十克以上或者其他毒品数量大的，处七年以上有期徒刑或者无期徒刑，并处罚金；非法持有鸦片二百克以上不满一千克、海洛因十克以上不满五十克或者其他毒品数量较大的，处七年以下有期徒刑、拘役或者管制，可以并处罚金；非法持有鸦片不满二百克、海洛因不满十克或者其他少量毒品的，依照第八条第一款的规定处罚。"

第三，《中华人民共和国刑法》第三百六十四条规定：传播淫秽的书刊、影片、音像、图片或者其他淫秽物品，情节严重的，处二年以下有期徒刑、拘役或者管制。组织播放淫秽的电影、录像等音像制品的，处三年以下有期徒刑、拘役或者管制，并处罚金；情节严重的，处三年以上十年以下有期徒刑，并处罚金。制作、复制淫秽的电影、录像等音像制品组织播放的，依照第二款的规定从重处罚。向不满十八周岁的未成年人传播淫秽物品的，从重处罚。

第四，《中华人民共和国治安管理处罚条例》第三十二条第二款规定："制作、复制、出售、出租或者传播淫书、淫画、淫秽录像或者其他淫秽物品的，处十五日以下拘留，可

以单处或者并处三千元以下罚款;或者依照规定实行劳动教养;构成犯罪的,依法追究刑事责任。"

第五,《中华人民共和国治安管理处罚法》第六十六条规定:卖淫、嫖娼的,处十日以上十五日以下拘留,可以并处五千元以下罚款;情节较轻的,处五日以下拘留或者五百元以下罚款。在公共场所拉客招嫖的,处五日以下拘留或者五百元以下罚款。

第六,《中华人民共和国治安管理处罚法》第六十七条规定:引诱、容留、介绍他人卖淫的,处十日以上十五日以下拘留,可以并处五千元以下罚款;情节较轻的,处五日以下拘留或者五百元以下罚款。

第七,《中华人民共和国治安管理处罚法》第七十条规定:以营利为目的,为赌博提供条件的,或者参与赌博赌资较大的,处五日以下拘留或者五百元以下罚款;情节严重的,处十日以上十五日以下拘留,并处五百元以上三千元以下罚款。

第三节 防范措施

近年来,大学生酗酒、赌博、涉黄、吸毒等现象发生频率有上升的趋势,众多院校都避免不了大学生不良风气的滋生和发展,与之相关的新闻也是屡见报端。针对此类现象我们要采取对应措施,力求从中挖出规律,做好预防工作。

一、预防酗酒滋事措施

因为酗酒有种种危害,为了保证大学生能够健康成长成才,维护正常校园秩序,应引起学生、家庭、学校、社会的高度关注,大力提倡不饮酒,采取有力措施严禁酗酒,有效防控醉酒滋事。

(一)营造健康高雅的校园文化氛围。现实生活中,有不少人染上了酗酒恶习是因为枯燥无味的生活所致,无聊之余便想从饮酒中找到一些乐趣。为此,帮助大学生有效戒除酗酒恶习,除了通过加大宣传酗酒危害性的力度,为大学生建起一面限酒"防火墙"以外,还应组织科学的、文明的、健康的、高雅的校园文化活动,如开展"限酒、健身、读书"主题教育实践活动等,以展览、小品、相声、辩论、征文、案例征集、座谈会、宣讲团等形式,帮助大学生认清酗酒恶习危害性,深切认识到"书是人类进步的阶梯",读书可以陶冶情操,还可以养性治愚,提高限酒的自觉性;通过深入持久地开展创建学习型组织活动,如举行读书报告会、读书讲座、读书征文、读书论坛、专家讲座、好书介绍和读书心得交流等活动,倡导健康、科学、文明、高雅的酒文化,抵制并逐渐取代劝酒、逼酒等低俗的酒文化;通过组织开展如"告别不文明言行"文明劝导等活动,提倡文明饮酒,杜绝无节制豪饮、坚决反对酗酒,最大限度地减少酒害酒祸;通过组织开展有氧代谢运动及各类文体活动等,引导大学生树立"健康是金"的观念,在广大学生中倡导"每天锻炼一小时，健康工作五十年，幸福生活一辈子"的健康文明生活方式，勇于战胜自我，远离酗酒恶习诱惑；通过举办专业技能大赛、职业生涯规划设计大赛、创意创业大赛、科技文化节、社团文化节、宿舍文化节等，营造健康文明、积极向上的校园文化氛围，在活动中培养大学生健康的生活情趣，让大学生在校园里放飞心情，促进大学生的身心健康发展与和谐的人际关系的建立。

（二）家庭、媒体应担负起社会责任。调查发现，许多家长对酗酒的危害性认识不足，孩子第一次饮酒的原因有31%是父母教的或父母劝饮的。作为家长应当担当学生第一老师的职责，以身作则，在家庭中不兴劝酒之风，即便是逢年过节或亲友欢聚，也不要互相劝酒，只能酌量少饮，适可而止，尽量不要或少在孩子面前酗酒。同时，家长还应努力改掉自身酗酒的恶习，更不应组织、鼓励孩子聚集同学酗酒。作为家长应引导孩子明辨社会上流传的不健康的酒文化思想，把"酒风"与"作风"、"酒品"与"人品"区别开来，做到既照顾场合，又掌握分寸，既不失礼仪，又不酗酒。遇亲朋聚会、喜庆宴会，喝点酒是无可厚非的，但一定要求自己的孩子讲究品位，营造不酗酒的良好氛围。

（三）对学生进行厌恶疗法心理疏导。酗酒是一种心理病态及其行为异常，会对自身、家庭、社会构成危害。有些大学生酗酒起因是认为喝酒可以消除烦恼，减轻孤独、自卑、失败等失意的心理因素，以致减轻压力，而事实却相反，酒入愁肠愁更愁。因此，对于有酗酒恶习的大学生不能简单应用道德说教法，而应采取有效的心理疏导方法，消除大学生心理障碍。心理疏导是通过环境、说服、解释、启发、教育等手段，减轻或消除学生的焦虑、抑郁、强迫、恐怖等不良心理，提高其心理承受能力和环境适应能力的一种心理引导方法。

（四）发挥学生干部率先模范作用。能不能刹住大学生酗酒之风，使"限酒"取得成效，学生干部是关键。学生干部既是"限酒"的组织者，又是"限酒"的主要对象。要做到既严下又严上、既严别人也严自己，真正使"限酒"成为全体同学的共识。只有从学生干部抓起，以身示范，学生才会跟着学，照着做，才会收到以身作则的效果，使"限酒"工作成为学生干部和广大学生的自觉行动，还可以通过建立"人盯人"限酒互助小组做好教育转化工作，即安排一名学生干部帮助一名有酗酒恶习的学生，从学习、思想与行为上经常关心帮助，使受助者在学生干部率先垂范的感染下告别酗酒恶习。

（五）加大校园限酒综合治理的力度。酗酒是一个根深蒂固的难题，为遏制大学生酗酒恶习在校园蔓延，"组织结构强制"被证明是一种最有效的办法。早在一九八八年原国家教育委员会就下发《关于禁止高等学校学生酗酒的通知》（教政厅字003号）明令禁止高等学校学生酗酒。通知要求对酗酒者和酒后肇事者，要视情节轻重给予批评教育或纪律处分；对触犯法律的，要由公安、司法部门依法处置；高校校园内的食堂、餐馆、饮食摊点，一律不得出售啤酒以外的各种酒，如有违反，要给予经济和行政处罚；节庆日和学生毕业、结业时的聚餐活动，一律不得饮用啤酒以外的各种酒，在饮用啤酒和其他饮料时也要适度。我国《刑法》第十八条规定：醉酒人违反治安管理的应予处罚，在醉酒状态中对他人安全有威胁或对本人有危险时，应当将其约束到清醒。高校应依法治校，认真贯彻落实"三贴近"工作精神,加大学生管理力度,针对学生酗酒的现象制定专门的校纪校规,对大学生饮酒要规定"限时、限量、限场所",酗酒与评先评奖、推优培养、组织发展、干部任用、升学、就业等挂钩。情节严重或屡教不改的,可以开除学籍处理,甚至移交有关部门依法惩处。

二、预防校园涉黄现象

(一)树立社会主义荣辱观,追求健康美好高尚的人生境界。大学生不仅要洁身自好,还应树立正确的道德情操和审美观,知道什么是光荣,什么是羞耻,应该怎么做,不应该怎么做。

(二)在思想上充分认识淫秽物品的巨大毒害。充分认识到一些学生就是在淫秽物品的腐蚀下,走向违法犯罪和自我毁灭之路。

(三)必须远离黄色淫秽书刊及音像制品。包括不健康的小报、杂志、隐蔽性更强的电子光盘,带有色情画面的游戏等。要做到不买、不看、不传、不藏,不受坏人的拉拢、利诱或胁迫,更不能进行传播活动。

(四)远离向你传播淫秽物品的人。不管是成年人,还是同学、朋友,都应该勇敢地和这种行为作斗争,除坚决拒绝外,还应及时报告老师或有关部门,及时斩断伸向学生的这只罪恶的黑手。

三、预防大学赌博现象

将主要精力用于对专业文化知识的学习,致力于参加各种丰富多彩的文化体育和社会实践活动,净化思想,摒弃享乐主义和不劳而获思想,克服心理空虚。

(一)认清赌博的危害性和法律后果。做事要谨小慎微,不参与任何形式的赌博,更不能涉足社会上不法人员开设的赌场,不接触,也就不会陷入泥潭。

(二)意志坚决,抵制诱惑。在赌博问题上要意志坚决,态度鲜明,防止他人用诱惑、拉拢等手段拖你"下水",同时有义务纠正、制止、举报他人的赌博行为,以遏制赌博风气在校园内蔓延。

四、预防大学生吸毒

大学生要充分认识毒品违法犯罪活动的危害性,加强自身的学习和修养,培养高尚的情操和道德观念。积极参加文体活动,增强集体观念,培养广泛的兴趣和爱好,避免孤僻的生活方式。

筑牢三个防线:

(一)心理防线。培养良好的心理品质,正确把握好奇心,正确对待学习和生活中的困难和挫折,避免空虚无聊,不要以吸毒为时髦,坚决抵制毒品诱惑。

(二)行为防线。养成良好的生活习惯、行为习惯,不吸烟、不酗酒,不涉足青少年不宜进入的场所,包括歌舞厅、游戏厅、酒吧等地方,以远离毒品。

(三)思想防线。树立正确的人生观、价值观、审美观,努力学习,追求进取,正确把握自己的行动与交友,以免误入歧途。

绝不可因好奇而品尝毒品，防止上瘾而难以自拔。一旦沾染毒品，要主动向老师和学校报告，自觉接受学校、家庭以及社会有关部门的监督戒除及康复治疗。

五、综合预防措施

家庭、学校、社会是大学生生活的三大环境。因此，我们要构建家庭、学校、社会三位一体的教育体系，可以有效地帮助大学生远离酗酒、赌博、涉黄、吸毒等社会不良现象。此外，大学生自身树立良好的价值观，对于免受其害也大有裨益。

（一）优化家庭环境。家长作为孩子的监护人，要充分认识到家庭教育的重要性，树立正确的教育观、亲子观、成长观，营造良好的家庭氛围，增强家庭的凝聚力。要做到要求宽严适度、目标难易适当、方法循序渐进，不要给孩子太大的压力，但也不要对其不管不顾，任其"自由发展"。

（二）创造良好的学校环境。学校和教师应牢固树立"以人为本"的教育思想，充分发挥学校对大学生教育的主导作用。具体来讲，学校可开展多样化的心理健康活动和文娱活动，让大学生保持青春活力。同时要针对当前大学生的思想道德水平和法律知识水平适当开班授课，使学生树立正确的世界观、人生观、价值观。学校管理部门也要优化学校周边环境，确保学生能够健康地生活和学习。

（三）建立和谐的社会环境。在优化社会环境方面，要做到严肃管理和严肃处置相结合、动之以情与严惩不贷相结合。所谓严肃管理，就是公安、工商、文化等部门要充分发挥作用，对涉及"黄赌毒"的场所施以严厉打击；所谓严肃处置，就是要深入开展"扫黄打非"行动，加强文化市场监管，坚决查处有关淫秽、暴力和赌博的出版物，坚决查处宣扬色情、暴力的玩具、饰品，坚决斩断色情书籍、淫秽光盘的销售渠道。所谓动之以情与严惩不贷相结合，就是要一手抓教育，一手抓惩处。

（四）树立正确的价值观。大学生应树立正确的价值观，充分认识到"黄赌毒"的危害，远离各种色情书刊及音像制品，用健康的活动来充实自己的业余生活。此外，还应坚决抵制任何形式的赌博活动，提高对毒品的防御能力，并主动向亲属、朋友讲解染上这些恶习的危害，敢于向有关部门揭露存在不法行为的场所或个人，为构建和谐社会贡献自己的力量。

（五）优化网络环境。现在是网络发达的时代，各种社会不良现象都会通过网络进行传播，严重败坏了网络环境，因此，我们每一个人都有责任维护网络安全，网络环境的治理是全社会的共同责任，和谐有序、文明清朗的网络空间需要全社会的参与，互联网企业和从业人员要切实增强网络安全意识，增强法律底线意识，增强社会责任意识；各高校也会成立网络专项舆情小组进行网络监控；广大网民也要自觉遵守国家法律法规，坚守法律道德底线，依法上网、文明上网。

【思考题】

1. "黄赌毒"对大学生有哪些危害？
2. 同学聚餐，本是一件无可非议的事。但是，非良性的聚餐不但不能起到交流情感的作用，反而是恶俗文化的体现。纵观如今大学生聚餐时的情形，点餐者出手阔绰，四菜一汤必不可缺，鸡鸭鱼肉，满满一桌饕餮盛宴未能物尽其用，反而是三杯两盏下肚，进而便以酒会友，一醉方休，在临近散场的时候，大部分所剩饭菜被恣意浪费。一些学生借聚餐盲目攀比、拉帮结派、借酒消愁，结果"喝酒喝出胃出血""大学生聚餐一死四伤"等标题出现在各大媒体，聚餐已成为大学生身心健康的一大威胁。

（1）作为大学生，我们都是花父母的钱，一滴汗水一份辛苦，面对伸手既得的生活费，我们是否体会到每一分钱背后父母的付出？

（2）大学生之间的正常交往就一定要靠聚餐拉近感情吗？聚餐时，就真的"无酒不成席"吗？

3. 吸毒贩毒本是违法犯罪行为。某高校陈某因结识社会上的不良青年到歌舞厅"消费、娱乐"而染上毒品，误入歧途，把家长辛辛苦苦挣来用以交纳学费、生活费的血汗钱用于吸毒，以至于放弃学业，发展到向家人骗钱，开始"职业吸毒生涯"的地步，最后，被公安民警抓获。

思考问题：

（1）毒品对人们健康的危害？

（2）大学生如何树立正确的世界观、人生观、价值观，自觉抵制黄赌毒的危害？

附录一

普通高等学校学生管理规定

第一章 总 则

第一条 为规范普通高等学校学生管理行为，维护普通高等学校正常的教育教学秩序和生活秩序，保障学生合法权益，培养德、智、体、美等方面全面发展的社会主义建设者和接班人，依据教育法、高等教育法以及有关法律、法规，制定本规定。

第二条 本规定适用于普通高等学校、承担研究生教育任务的科学研究机构（以下称学校）对接受普通高等学历教育的研究生和本科、专科（高职）学生（以下称学生）的管理。

第三条 学校要坚持社会主义办学方向，坚持马克思主义的指导地位，全面贯彻国家教育方针；要坚持以立德树人为根本，以理想信念教育为核心，培育和践行社会主义核心价值观，弘扬中华优秀传统文化和革命文化、社会主义先进文化，培养学生的社会责任感、创新精神和实践能力；要坚持依法治校，科学管理，健全和完善管理制度，规范管理行为，将管理与育人相结合，不断提高管理和服务水平。

第四条 学生应当拥护中国共产党领导，努力学习马克思列宁主义、毛泽东思想、中国特色社会主义理论体系，深入学习习近平总书记系列重要讲话精神和治国理政新理念新思想新战略，坚定中国特色社会主义道路自信、理论自信、制度自信、文化自信，树立中国特色社会主义共同理想；应当树立爱国主义思想，具有团结统一、爱好和平、勤劳勇敢、自强不息的精神；应当增强法治观念，遵守宪法、法律、法规，遵守公民道德规范，遵守学校管理制度，具有良好的道德品质和行为习惯；应当刻苦学习，勇于探索，积极实践，努力掌握现代科学文化知识和专业技能；应当积极锻炼身体，增进身心健康，提高个人修养，培养审美情趣。

第五条 实施学生管理，应当尊重和保护学生的合法权利，教育和引导学生承担应尽的义务与责任，鼓励和支持学生实行自我管理、自我服务、自我教育、自我监督。

第二章 学生的权利与义务

第六条 学生在校期间依法享有下列权利：

（一）参加学校教育教学计划安排的各项活动，使用学校提供的教育教学资源；

（二）参加社会实践、志愿服务、勤工助学、文娱体育及科技文化创新等活动，获得就业创业指导和服务；

（三）申请奖学金、助学金及助学贷款；

（四）在思想品德、学业成绩等方面获得科学、公正评价，完成学校规定学业后获得相应的学历证书、学位证书；

（五）在校内组织、参加学生团体，以适当方式参与学校管理，对学校与学生权益相关事务享有知情权、参与权、表达权和监督权；

（六）对学校给予的处理或者处分有异议，向学校、教育行政部门提出申诉，对学校、教职员工侵犯其人身权、财产权等合法权益的行为，提出申诉或者依法提起诉讼；

（七）法律、法规及学校章程规定的其他权利。

第七条 学生在校期间依法履行下列义务：

（一）遵守宪法和法律、法规；

（二）遵守学校章程和规章制度；

（三）恪守学术道德，完成规定学业；

（四）按规定缴纳学费及有关费用，履行获得贷学金及助学金的相应义务；

（五）遵守学生行为规范，尊敬师长，养成良好的思想品德和行为习惯；

（六）法律、法规及学校章程规定的其他义务。

第三章 学籍管理

第一节 入学与注册

第八条 按国家招生规定录取的新生，持录取通知书，按学校有关要求和规定的期限到校办理入学手续。因故不能按期入学的，应当向学校请假。未请假或者请假逾期的，除因不可抗力等正当事由以外，视为放弃入学资格。

第九条 学校应当在报到时对新生入学资格进行初步审查，审查合格的办理入学手续，予以注册学籍；审查发现新生的录取通知、考生信息等证明材料，与本人实际情况不符，或者有其他违反国家招生考试规定情形的，取消入学资格。

第十条 新生可以申请保留入学资格。保留入学资格期间不具有学籍。保留入学资格的条件、期限等由学校规定。

新生保留入学资格期满前应向学校申请入学，经学校审查合格后，办理入学手续。审查不合格的，取消入学资格；逾期不办理入学手续且未有因不可抗力延迟等正当理由的，视为放弃入学资格。

第十一条 学生入学后，学校应当在3个月内按照国家招生规定进行复查。复查内容主要包括以下方面：

（一）录取手续及程序等是否合乎国家招生规定；

（二）所获得的录取资格是否真实、合乎相关规定；

（三）本人及身份证明与录取通知、考生档案等是否一致；

（四）身心健康状况是否符合报考专业或者专业类别体检要求，能否保证在校正常学习、生活；

（五）艺术、体育等特殊类型录取学生的专业水平是否符合录取要求。

复查中发现学生存在弄虚作假、徇私舞弊等情形的，确定为复查不合格，应当取消学籍；情节严重的，学校应当移交有关部门调查处理。

复查中发现学生身心状况不适宜在校学习，经学校指定的二级甲等以上医院诊断，需要在家休养的，可以按照第十条的规定保留入学资格。

复查的程序和办法，由学校规定。

第十二条 每学期开学时，学生应当按学校规定办理注册手续。不能如期注册的，应当履行暂缓注册手续。未按学校规定缴纳学费或者有其他不符合注册条件的，不予注册。

家庭经济困难的学生可以申请助学贷款或者其他形式资助，办理有关手续后注册。

学校应当按照国家有关规定为家庭经济困难学生提供教育救助，完善学生资助体系，保证学生不因家庭经济困难而放弃学业。

第二节　考核与成绩记载

第十三条 学生应当参加学校教育教学计划规定的课程和各种教育教学环节（以下统称课程）的考核，考核成绩记入成绩册，并归入学籍档案。

考核分为考试和考查两种。考核和成绩评定方式，以及考核不合格的课程是否重修或者补考，由学校规定。

第十四条 学生思想品德的考核、鉴定，以本规定第四条为主要依据，采取个人小结、师生民主评议等形式进行。

学生体育成绩评定要突出过程管理，可以根据考勤、课内教学、课外锻炼活动和体质健康等情况综合评定。

第十五条 学生每学期或者每学年所修课程或者应修学分数以及升级、跳级、留级、降级等要求，由学校规定。

第十六条 学生根据学校有关规定，可以申请辅修校内其他专业或者选修其他专业课程；可以申请跨校辅修专业或者修读课程，参加学校认可的开放式网络课程学习。学生修读的课程成绩（学分），学校审核同意后，予以承认。

第十七条 学生参加创新创业、社会实践等活动以及发表论文、获得专利授权等与专业学习、学业要求相关的经历、成果，可以折算为学分，计入学业成绩。具体办法由学校规定。

学校应当鼓励、支持和指导学生参加社会实践、创新创业活动，可以建立创新创业档案、设置创新创业学分。

第十八条 学校应当健全学生学业成绩和学籍档案管理制度，真实、完整地记载、出具学生学业成绩，对通过补考、重修获得的成绩，应当予以标注。

学生严重违反考核纪律或者作弊的，该课程考核成绩记为无效，并应视其违纪或者作弊情节，给予相应的纪律处分。给予警告、严重警告、记过及留校察看处分的，经教育表现较好，可以对该课程给予补考或者重修机会。

学生因退学等情况中止学业，其在校学习期间所修课程及已获得学分，应当予以记录。学生重新参加入学考试、符合录取条件，再次入学的，其已获得学分，经录取学校认定，可以予以承认。具体办法由学校规定。

第十九条 学生应当按时参加教育教学计划规定的活动。不能按时参加的，应当事先请假并获得批准。无故缺席的,根据学校有关规定给予批评教育,情节严重的,给予相应的纪律处分。

第二十条 学校应当开展学生诚信教育,以适当方式记录学生学业、学术、品行等方面的诚信信息,建立对失信行为的约束和惩戒机制;对有严重失信行为的,可以规定给予相应的纪律处分,对违背学术诚信的,可以对其获得学位及学术称号、荣誉等作出限制。

第三节 转专业与转学

第二十一条 学生在学习期间对其他专业有兴趣和专长的,可以申请转专业;以特殊招生形式录取的学生,国家有相关规定或者录取前与学校有明确约定的,不得转专业。

学校应当制定学生转专业的具体办法,建立公平、公正的标准和程序,健全公示制度。学校根据社会对人才需求情况的发展变化,需要适当调整专业的,应当允许在读学生转到其他相关专业就读。

休学创业或退役后复学的学生,因自身情况需要转专业的,学校应当优先考虑。

第二十二条 学生一般应当在被录取学校完成学业。因患病或者有特殊困难、特别需要,无法继续在本校学习或者不适应本校学习要求的,可以申请转学。有下列情形之一,不得转学:

(一)入学未满一学期或者毕业前一年的;
(二)高考成绩低于拟转入学校相关专业同一生源地相应年份录取成绩的;
(三)由低学历层次转为高学历层次的;
(四)以定向就业招生录取的;
(五)研究生拟转入学校、专业的录取控制标准高于其所在学校、专业的;
(六)无正当转学理由的。

学生因学校培养条件改变等非本人原因需要转学的,学校应当出具证明,由所在地省级教育行政部门协调转学到同层次学校。

第二十三条 学生转学由学生本人提出申请,说明理由,经所在学校和拟转入学校同意,由转入学校负责审核转学条件及相关证明,认为符合本校培养要求且学校有培养能力的,经学校校长办公会或者专题会议研究决定,可以转入。研究生转学还应当经拟转入专业导师同意。

跨省转学的,由转出地省级教育行政部门商转入地省级教育行政部门,按转学条件确认后办理转学手续。须转户口的由转入地省级教育行政部门将有关文件抄送转入学校所在地的公安机关。

第二十四条 学校应当按照国家有关规定,建立健全学生转学的具体办法;对转学情况应当及时进行公示,并在转学完成后3个月内,由转入学校报所在地省级教育行政部门备案。

省级教育行政部门应当加强对区域内学校转学行为的监督和管理,及时纠正违规转学行为。

第四节 休学与复学

第二十五条 学生可以分阶段完成学业,除另有规定外,应当在学校规定的最长学习年限(含休学和保留学籍)内完成学业。

学生申请休学或者学校认为应当休学的,经学校批准,可以休学。休学次数和期限由学校规定。

第二十六条 学校可以根据情况建立并实行灵活的学习制度。对休学创业的学生,可以单独规定最长学习年限,并简化休学批准程序。

第二十七条 新生和在校学生应征参加中国人民解放军(含中国人民武装警察部队),学校应当保留其入学资格或者学籍至退役后2年。

学生参加学校组织的跨校联合培养项目,在联合培养学校学习期间,学校同时为其保留学籍。

学生保留学籍期间,与其实际所在的部队、学校等组织建立管理关系。

第二十八条 休学学生应当办理手续离校。学生休学期间,学校应为其保留学籍,但不享受在校学习学生待遇。因病休学学生的医疗费按国家及当地的有关规定处理。

第二十九条 学生休学期满前应当在学校规定的期限内提出复学申请,经学校复查合格,方可复学。

第五节 退 学

第三十条 学生有下列情形之一,学校可予退学处理:

(一)学业成绩未达到学校要求或者在学校规定的学习年限内未完成学业的;

(二)休学、保留学籍期满,在学校规定期限内未提出复学申请或者申请复学经复查不合格的;

(三)根据学校指定医院诊断,患有疾病或者意外伤残不能继续在校学习的;

(四)未经批准连续两周未参加学校规定的教学活动的;

(五)超过学校规定期限未注册而又未履行暂缓注册手续的;

(六)学校规定的不能完成学业、应予退学的其他情形。

学生本人申请退学的,经学校审核同意后,办理退学手续。

第三十一条 退学学生,应当按学校规定期限办理退学手续离校。退学的研究生,按已有毕业学历和就业政策可以就业的,由学校报所在地省级毕业生就业部门办理相关手续;在学校规定期限内没有聘用单位的,应当办理退学手续离校。

退学学生的档案由学校退回其家庭所在地,户口应当按照国家相关规定迁回原户籍地或者家庭户籍所在地。

第六节 毕业与结业

第三十二条 学生在学校规定学习年限内,修完教育教学计划规定内容,成绩合格,达到学校毕业要求的,学校应当准予毕业,并在学生离校前发给毕业证书。

符合学位授予条件的,学位授予单位应当颁发学位证书。

学生提前完成教育教学计划规定内容,获得毕业所要求的学分,可以申请提前毕业。

学生提前毕业的条件,由学校规定。

第三十三条 学生在学校规定学习年限内,修完教育教学计划规定内容,但未达到学校毕业要求的,学校可以准予结业,发给结业证书。

结业后是否可以补考、重修或者补作毕业设计、论文、答辩,以及是否颁发毕业证书、学位证书,由学校规定。合格后颁发的毕业证书、学位证书,毕业时间、获得学位时间按发证日期填写。

对退学学生,学校应当发给肄业证书或者写实性学习证明。

第七节 学业证书管理

第三十四条 学校应当严格按照招生时确定的办学类型和学习形式,以及学生招生录取时填报的个人信息,填写、颁发学历证书、学位证书及其他学业证书。

学生在校期间变更姓名、出生日期等证书需填写的个人信息的,应当有合理、充分的理由,并提供有法定效力的相应证明文件。学校进行审查,需要学生生源地省级教育行政部门及有关部门协助核查的,有关部门应当予以配合。

第三十五条 学校应当执行高等教育学籍学历电子注册管理制度,完善学籍学历信息管理办法,按相关规定及时完成学生学籍学历电子注册。

第三十六条 对完成本专业学业同时辅修其他专业并达到该专业辅修要求的学生,由学校发给辅修专业证书。

第三十七条 对违反国家招生规定取得入学资格或者学籍的,学校应当取消其学籍,不得发给学历证书、学位证书;已发的学历证书、学位证书,学校应当依法予以撤销。对以作弊、剽窃、抄袭等学术不端行为或者其他不正当手段获得学历证书、学位证书的,学校应当依法予以撤销。

被撤销的学历证书、学位证书已注册的,学校应当予以注销并报教育行政部门宣布无效。

第三十八条 学历证书和学位证书遗失或者损坏,经本人申请,学校核实后应当出具相应的证明书。证明书与原证书具有同等效力。

第四章 校园秩序与课外活动

第三十九条 学校、学生应当共同维护校园正常秩序,保障学校环境安全、稳定,保障学生的正常学习和生活。

第四十条 学校应当建立和完善学生参与管理的组织形式,支持和保障学生依法、依章程参与学校管理。

第四十一条 学生应当自觉遵守公民道德规范,自觉遵守学校管理制度,创造和维护文明、整洁、优美、安全的学习和生活环境,树立安全风险防范和自我保护意识,保障自身合法权益。

第四十二条 学生不得有酗酒、打架斗殴、赌博、吸毒,传播、复制、贩卖非法书刊和音像制品等违法行为;不得参与非法传销和进行邪教、封建迷信活动;不得从事或者参与有损大学生形象、有悖社会公序良俗的活动。

学校发现学生在校内有违法行为或者严重精神疾病可能对他人造成伤害的，可以依法采取或者协助有关部门采取必要措施。

第四十三条　学校应当坚持教育与宗教相分离原则。任何组织和个人不得在学校进行宗教活动。

第四十四条　学校应当建立健全学生代表大会制度，为学生会、研究生会等开展活动提供必要条件，支持其在学生管理中发挥作用。

学生可以在校内成立、参加学生团体。学生成立团体，应当按学校有关规定提出书面申请，报学校批准并施行登记和年检制度。

学生团体应当在宪法、法律、法规和学校管理制度范围内活动，接受学校的领导和管理。学生团体邀请校外组织、人员到校举办讲座等活动，需经学校批准。

第四十五条　学校提倡并支持学生及学生团体开展有益于身心健康、成长成才的学术、科技、艺术、文娱、体育等活动。

学生进行课外活动不得影响学校正常的教育教学秩序和生活秩序。

学生参加勤工助学活动应当遵守法律、法规以及学校、用工单位的管理制度，履行勤工助学活动的有关协议。

第四十六条　学生举行大型集会、游行、示威等活动，应当按法律程序和有关规定获得批准。对未获批准的，学校应当依法劝阻或者制止。

第四十七条　学生应当遵守国家和学校关于网络使用的有关规定，不得登录非法网站和传播非法文字、音频、视频资料等，不得编造或者传播虚假、有害信息；不得攻击、侵入他人计算机和移动通信网络系统。

第四十八条　学校应当建立健全学生住宿管理制度。学生应当遵守学校关于学生住宿管理的规定。鼓励和支持学生通过制定公约，实施自我管理。

第五章　奖励与处分

第四十九条　学校、省（区、市）和国家有关部门应当对在德、智、体、美等方面全面发展或者在思想品德、学业成绩、科技创造、体育竞赛、文艺活动、志愿服务及社会实践等方面表现突出的学生，给予表彰和奖励。

第五十条　对学生的表彰和奖励可以采取授予"三好学生"称号或者其他荣誉称号、颁发奖学金等多种形式，给予相应的精神鼓励或者物质奖励。

学校对学生予以表彰和奖励，以及确定推荐免试研究生、国家奖学金、公派出国留学人选等赋予学生利益的行为，应当建立公开、公平、公正的程序和规定，建立和完善相应的选拔、公示等制度。

第五十一条　对有违反法律法规、本规定以及学校纪律行为的学生，学校应当给予批评教育，并可视情节轻重，给予如下纪律处分：

（一）警告；

（二）严重警告；

（三）记过；

（四）留校察看；

（五）开除学籍。

第五十二条　学生有下列情形之一，学校可以给予开除学籍处分：

（一）违反宪法，反对四项基本原则、破坏安定团结、扰乱社会秩序的；

（二）触犯国家法律，构成刑事犯罪的；

（三）受到治安管理处罚，情节严重、性质恶劣的；

（四）代替他人或者让他人代替自己参加考试、组织作弊、使用通信设备或其他器材作弊、向他人出售考试试题或答案牟取利益，以及其他严重作弊或扰乱考试秩序行为的；

（五）学位论文、公开发表的研究成果存在抄袭、篡改、伪造等学术不端行为，情节严重的，或者代写论文、买卖论文的；

（六）违反本规定和学校规定，严重影响学校教育教学秩序、生活秩序以及公共场所管理秩序的；

（七）侵害其他个人、组织合法权益，造成严重后果的；

（八）屡次违反学校规定受到纪律处分，经教育不改的。

第五十三条　学校对学生作出处分，应当出具处分决定书。处分决定书应当包括下列内容：

（一）学生的基本信息；

（二）作出处分的事实和证据；

（三）处分的种类、依据、期限；

（四）申诉的途径和期限；

（五）其他必要内容。

第五十四条　学校给予学生处分，应当坚持教育与惩戒相结合，与学生违法、违纪行为的性质和过错的严重程度相适应。学校对学生的处分，应当做到证据充分、依据明确、定性准确、程序正当、处分适当。

第五十五条　在对学生作出处分或者其他不利决定之前，学校应当告知学生作出决定的事实、理由及依据，并告知学生享有陈述和申辩的权利，听取学生的陈述和申辩。

处理、处分决定以及处分告知书等，应当直接送达学生本人，学生拒绝签收的，可以以留置方式送达；已离校的，可以采取邮寄方式送达；难于联系的，可以利用学校网站、新闻媒体等以公告方式送达。

第五十六条　对学生作出取消入学资格、取消学籍、退学、开除学籍或者其他涉及学生重大利益的处理或者处分决定的，应当提交校长办公会或者校长授权的专门会议研究决定，并应当事先进行合法性审查。

第五十七条　除开除学籍处分以外，给予学生处分一般应当设置6到12个月期限，到期按学校规定程序予以解除。解除处分后，学生获得表彰、奖励及其他权益，不再受原处分的影响。

第五十八条　对学生的奖励、处理、处分及解除处分材料，学校应当真实完整地归入学校文书档案和本人档案。

被开除学籍的学生，由学校发给学习证明。学生按学校规定期限离校，档案由学校退回其家庭所在地，户口应当按照国家相关规定迁回原户籍地或者家庭户籍所在地。

第六章　学生申诉

第五十九条　学校应当成立学生申诉处理委员会，负责受理学生对处理或者处分决定不服提起的申诉。

学生申诉处理委员会应当由学校相关负责人、职能部门负责人、教师代表、学生代表、负责法律事务的相关机构负责人等组成，可以聘请校外法律、教育等方面专家参加。

学校应当制定学生申诉的具体办法，健全学生申诉处理委员会的组成与工作规则，提供必要条件，保证其能够客观、公正地履行职责。

第六十条　学生对学校的处理或者处分决定有异议的，可以在接到学校处理或者处分决定书之日起10日内，向学校学生申诉处理委员会提出书面申诉。

第六十一条　学生申诉处理委员会对学生提出的申诉进行复查，并在接到书面申诉之日起15日内作出复查结论并告知申诉人。情况复杂不能在规定限期内作出结论的，经学校负责人批准，可延长15日。学生申诉处理委员会认为必要的，可以建议学校暂缓执行有关决定。

学生申诉处理委员会经复查，认为做出处理或者处分的事实、依据、程序等存在不当，可以作出建议撤销或变更的复查意见，要求相关职能部门予以研究，重新提交校长办公会或者专门会议作出决定。

第六十二条　学生对复查决定有异议的，在接到学校复查决定书之日起15日内，可以向学校所在地省级教育行政部门提出书面申诉。

省级教育行政部门应当在接到学生书面申诉之日起30个工作日内，对申诉人的问题给予处理并作出决定。

第六十三条　省级教育行政部门在处理因对学校处理或者处分决定不服提起的学生申诉时，应当听取学生和学校的意见，并可根据需要进行必要的调查。根据审查结论，区别不同情况，分别作出下列处理：

（一）事实清楚、依据明确、定性准确、程序正当、处分适当的，予以维持；

（二）认定事实不存在，或者学校超越职权、违反上位法规定作出决定的，责令学校予以撤销；

（三）认定事实清楚，但认定情节有误、定性不准确，或者适用依据有错误的，责令学校变更或者重新作出决定；

（四）认定事实不清、证据不足，或者违反本规定以及学校规定的程序和权限的，责令学校重新作出决定。

第六十四条　自处理、处分或者复查决定书送达之日起，学生在申诉期内未提出申诉的视为放弃申诉，学校或者省级教育行政部门不再受理其提出的申诉。

处理、处分或者复查决定书未告知学生申诉期限的，申诉期限自学生知道或者应当知道处理或者处分决定之日起计算，但最长不得超过 6 个月。

第六十五条 学生认为学校及其工作人员违反本规定，侵害其合法权益的；或者学校制定的规章制度与法律法规和本规定抵触的，可以向学校所在地省级教育行政部门投诉。

教育主管部门在实施监督或者处理申诉、投诉过程中，发现学校及其工作人员有违反法律、法规及本规定的行为或者未按照本规定履行相应义务的，或者学校自行制定的相关管理制度、规定，侵害学生合法权益的，应当责令改正；发现存在违法违纪的，应当及时进行调查处理或者移送有关部门，依据有关法律和相关规定，追究有关责任人的责任。

第七章 附 则

第六十六条 学校对接受高等学历继续教育的学生、港澳台侨学生、留学生的管理，参照本规定执行。

第六十七条 学校应当根据本规定制定或修改学校的学生管理规定或者纪律处分规定，报主管教育行政部门备案（中央部委属校同时抄报所在地省级教育行政部门），并及时向学生公布。

省级教育行政部门根据本规定，指导、检查和监督本地区高等学校的学生管理工作。

第六十八条 本规定自 2017 年 9 月 1 日起施行。原《普通高等学校学生管理规定》（教育部令第 21 号）同时废止。其他有关文件规定与本规定不一致的，以本规定为准。

附录二

高等学校校园秩序管理若干规定

第一条 为了优化育人环境，加强高等学校校园管理，维护教学、科研、生活秩序和安定团结的局面，建立有利于培养社会主义现代化建设专门人才的校园秩序，制定本规定。

第二条 本规定所称的高等学校（以下简称"学校"）是指全日制普通高等学校和成人高等学校。

本规定所称的师生员工是指学校的教师（包括外籍教师）、学生（包括外国在华留学生）、教育教学辅助人员、管理人员和工勤人员。

第三条 学校的师生员工以及其他到学校活动的人员都应当遵守本规定，维护宪法确立的根本制度和国家利益，维护学校的教学、科研秩序和生活秩序。

学校应当加强校园管理，采取措施，及时有效地预防和制止校园内的违反法律、法规、校规的活动。

第四条 学校应当尊重和维护师生员工的人身权利、政治权利、教育和受教育的权利以及法律规定的其他权利，不得限制、剥夺师生员工的权利。

第五条 进入学校的人员，必须持有本校的学生证、工作证、听课证或者学校颁发的其他进入学校的证章、证件。

未持有前款规定的证章、证件的国内人员进入学校，应当向门卫登记后进入学校。

第六条 国内新闻记者进入学校采访，必须持有记者证和采访介绍信，在通知学校有关机构后，方可进入学校采访。

外国新闻记者和港澳台新闻记者进入学校采访，必须持有学校所在省、自治区、直辖市人民政府外事机关或港澳台办的介绍信和记者证，并在进校采访前与学校外事机构联系，经许可后方可进入学校采访。

第七条 外国人、港澳台人员进入学校进行公务、业务活动，应当经过省、自治区、直辖市或者国务院有关部门同意并告知学校后，或按学术交流计划经学校主管领导研究同意后，方可进入学校。自行要求进入学校的外国人、港澳台人员，应当在学校外事机构或港澳台办批准后，方可进入学校。接受师生员工个人邀请进入学校探亲访友的外国人、港澳台人员，应当履行门卫登记手续后进入学校。

第八条 依照本规定第五条、第六条、第七条的规定进入学校的人员，应当遵守法律、法规、规章和学校的制度，不得从事与其身份不符的活动，不得危害校园治安。

对违反本规定第五条、第六条、第七条和本条前款规定的人员，师生员工有权向学校保卫机构报告，学校保卫机构可以要求其说明情况或者责令其离开学校。

第九条 学生一般不得在学生宿舍留宿校外人员，遇有特殊情况留宿校外人员，应当报请学校有关机构许可，并且进行留宿登记，留宿人离校应注销登记。不得在学生宿舍内留宿异性。

违反前款规定的，学校保卫机构可以责令留宿人离开学生宿舍。

第十条 告示、通知、启事、广告等，应当张贴在学校指定或者许可的地点。散发宣传品、印刷品应当经过学校有关机构同意。对于张贴、散发反对我国宪法确立的根本制度、损害国家利益或者侮辱诽谤他人的公开张贴物、宣传品和印刷品的当事者，由司法机关依法追究其法律责任。

第十一条 在校园设置临时或者永久建筑物以及安装音响、广播、电视设施，设置者、安装者应当报请学校有关机构审批，未经批准不得擅自设置、安装。

师生员工或者有关团体、组织使用学校的广播、电视设施，必须报请学校有关机构批准，禁止任何组织或者个人擅自使用学校广播、电视设施。

违反第一款、第二款、第三款规定的，学校有关机构可以劝其停止设置、安装或者停止活动，已经设置、安装的，学校有关机构可以拆除，或者责令设置者、安装者拆除。

第十二条 在校内举行集会、讲演等公共活动，组织者必须在七十二小时前向学校有关机构提出申请，申请中应当说明活动的目的、人数、时间、地点和负责人的姓名。学校有关机构应当最迟在举行时间的四小时前将许可或者不许可的决定通知组织者。逾期未通知的，视为许可。

集会、讲演等应符合我国的教育方针和相应的法规、规章，不得反对我国宪法确立的根本制度，不得干扰学校的教学、科研和生活秩序，不得损害国家财产和其他公民的权利。

第十三条 在校内组织讲座、报告等室内活动，组织者应当在七十二小时前向学校有关机构提出申请，申请中应当说明活动的内容、报告人和负责人的姓名。学校有关机构应当最迟在举行时间的四小时前将许可或者不许可的决定通知组织者。逾期未通知的，视为许可。

讲座、报告等不得反对我国宪法确立的根本制度，不得违反我国的教育方针，不得宣传封建迷信，不得进行宗教活动，不得干扰学校的教学、科研和生活秩序。

第十四条 师生员工应当严格按照学校的安排进行教学、科研、生活和其他活动，任何人都不得破坏学校的教学、科研和生活秩序，不得阻止他人根据学校的安排进行教学、科研、生活和其他活动。

禁止师生员工赌博、酗酒、打架斗殴以及其他干扰学校的教学、科研和生活秩序的行为。

第十五条 师生员工组织社会团体，应当按照《社会团体登记管理条例》的规定办理。成立校内非社会团体的组织，应当在成立前由其组织者报请学校有关机构批准，未经批准不得成立和开展活动。

校内非社会团体的组织和校内报刊必须遵守法律、法规、规章，贯彻我国的教育方针和遵守学校的制度，接受学校的管理，不得进行超出其宗旨的活动。

第十六条 违反本规定第十二条、第十三条、第十四条和第十五条的规定的，学校有关机构可以责令其组织者以及其他当事人立即停止活动。违反本规定第十二条第二款的规定，损害国家财产的，学校有关机构可以责令其赔偿损失。

第十七条 禁止无照人员在校园内经商。设在校园内的商业网点必须在指定地点经营。违反前款规定的，学校有关机构可以责令其停止经商活动或者离开校园。

第十八条 对违反本规定，经过劝告、制止仍不改正的师生员工，学校可视情节给予行政处分或者纪律处分；属于违反治安管理行为的，由公安机关依法处理；情节严重构成犯罪的，由司法机关处理。

师生员工对学校的处分不服的，可以向有关教育行政部门提出申诉，教育行政部门应当在接到申诉的三十日内作出处理决定。

对违反本规定，经劝告、制止仍不改正的校外人员，由公安、司法机关根据情节依法处理。

第十九条 各高等学校可以根据本规定制定具体管理制度。

第二十条 本规定自发布之日起施行。

附录三

高等学校学生行为准则

一、志存高远,坚定信念。努力学习马克思列宁主义、毛泽东思想、邓小平理论和"三个代表"重要思想,面向世界,了解国情,确立在中国共产党领导下走社会主义道路、实现中华民族伟大复兴的共同理想和坚定信念,努力成为有理想、有道德、有文化、有纪律的社会主义新人。

二、热爱祖国,服务人民。弘扬民族精神,维护国家利益和民族团结。不参与违反四项基本原则、影响国家统一和社会稳定的活动。培养同人民群众的深厚感情,正确处理国家、集体和个人三者利益关系,增强社会责任感,甘愿为祖国为人民奉献。

三、勤奋学习,自强不息。追求真理,崇尚科学;刻苦钻研,严谨求实;积极实践,勇于创新;珍惜时间,学业有成。

四、遵纪守法,弘扬正气。遵守宪法、法律法规,遵守校纪校规;正确行使权利,依法履行义务;敬廉崇洁,公道正派;敢于并善于同各种违法违纪行为作斗争。

五、诚实守信,严于律己。履约践诺,知行统一;遵从学术规范,恪守学术道德,不作弊,不剽窃;自尊自爱,自省自律;文明使用互联网;自觉抵制黄、赌、毒等不良诱惑。

六、明礼修身,团结友爱。弘扬传统美德,遵守社会公德,男女交往文明;关心集体,爱护公物,热心公益;尊敬师长,友爱同学,团结合作;仪表整洁,待人礼貌;豁达宽容,积极向上。

七、勤俭节约,艰苦奋斗。热爱劳动,珍惜他人和社会劳动成果;生活俭朴,杜绝浪费;不追求超越自身和家庭实际的物质享受。

八、强健体魄,热爱生活。积极参加文体活动,提高身体素质,保持心理健康;磨砺意志,不怕挫折,提高适应能力;增强安全意识,防止意外事故;关爱自然,爱护环境,珍惜资源。

附录四

学生伤害事故处理办法

第一章 总则

第一条 为积极预防、妥善处理在校学生伤害事故,保护学生、学校的合法权益,根据《中华人民共和国教育法》《中华人民共和国未成年人保护法》和其他相关法律、行政法规及有关规定,制定本办法。

第二条 在学校实施的教育教学活动或者学校组织的校外活动中,以及在学校负有管理责任的校舍、场地、其他教育教学设施、生活设施内发生的,造成在校学生人身损害后果的事故的处理,适用本办法。

第三条 学生伤害事故应当遵循依法、客观公正、合理适当的原则,及时、妥善地处理。

第四条 学校的举办者应当提供符合安全标准的校舍、场地、其他教育教学设施和生活设施。

教育行政部门应当加强学校安全工作,指导学校落实预防学生伤害事故的措施,指导、协助学校妥善处理学生伤害事故,维护学校正常的教育教学秩序。

第五条 学校应当对在校学生进行必要的安全教育和自护自救教育;应当按照规定,建立健全安全制度,采取相应的管理措施,预防和消除教育教学环境中存在的安全隐患;当发生伤害事故时,应当及时采取措施救助受伤害学生。

学校对学生进行安全教育、管理和保护,应当针对学生年龄、认知能力和法律行为能力的不同,采用相应的内容和预防措施。

第六条 学生应当遵守学校的规章制度和纪律;在不同的受教育阶段,应当根据自身的年龄、认知能力和法律行为能力,避免和消除相应的危险。

第七条 未成年学生的父母或者其他监护人(以下称为监护人)应当依法履行监护职责,配合学校对学生进行安全教育、管理和保护工作。

学校对未成年学生不承担监护职责,但法律有规定的或者学校依法接受委托承担相应监护职责的情形除外。

第二章 事故与责任

第八条 学生伤害事故的责任,应当根据相关当事人的行为与损害后果之间的因果关系依法确定。

因学校、学生或者其他相关当事人的过错造成的学生伤害事故,相关当事人应当根据其行为过错程度的比例及其与损害后果之间的因果关系承担相应的责任。当事人的行为是损害后果发生的主要原因,应当承担主要责任;当事人的行为是损害后果发生的非主要原因,承担相应的责任。

第九条 因下列情形之一造成的学生伤害事故,学校应当依法承担相应的责任:

(一)学校的校舍、场地、其他公共设施,以及学校提供给学生使用的学具、教育教学和生活设施、设备不符合国家规定的标准,或者有明显不安全因素的;

(二)学校的安全保卫、消防、设施设备管理等安全管理制度有明显疏漏,或者管理混乱,存在重大安全隐患,而未及时采取措施的;

(三)学校向学生提供的药品、食品、饮用水等不符合国家或者行业的有关标准、要求的;

(四)学校组织学生参加教育教学活动或者校外活动,未对学生进行相应的安全教育,并未在可预见的范围内采取必要的安全措施的;

(五)学校知道教师或者其他工作人员患有不适宜担任教育教学工作的疾病,但未采取必要措施的;

(六)学校违反有关规定,组织或者安排未成年学生从事不宜未成年人参加的劳动、体育运动或者其他活动的;

(七)学生有特异体质或者特定疾病,不宜参加某种教育教学活动,学校知道或者应当知道,但未予以必要的注意的;

(八)学生在校期间突发疾病或者受到伤害,学校发现,但未根据实际情况及时采取相应措施,导致不良后果加重的;

(九)学校教师或者其他工作人员体罚或者变相体罚学生,或者在履行职责过程中违反工作要求、操作规程、职业道德或者其他有关规定的;

(十)学校教师或者其他工作人员在负有组织、管理未成年学生的职责期间,发现学生行为具有危险性,但未进行必要的管理、告诫或者制止的;

(十一)对未成年学生擅自离校等与学生人身安全直接相关的信息,学校发现或者知道,但未及时告知未成年学生的监护人,导致未成年学生因脱离监护人的保护而发生伤害的;

(十二)学校有未依法履行职责的其他情形的。

第十条 学生或者未成年学生监护人由于过错,有下列情形之一,造成学生伤害事故,应当依法承担相应的责任:

(一)学生违反法律法规的规定,违反社会公共行为准则、学校的规章制度或者纪律,实施按其年龄和认知能力应当知道具有危险或者可能危及他人的行为的;

(二)学生行为具有危险性,学校、教师已经告诫、纠正,但学生不听劝阻、拒不改正的;

(三)学生或者其监护人知道学生有特异体质,或者患有特定疾病,但未告知学校的;

(四)未成年学生的身体状况、行为、情绪等有异常情况,监护人知道或者已被学校告知,但未履行相应监护职责的;

（五）学生或者未成年学生监护人有其他过错的。

第十一条　学校安排学生参加活动，因提供场地、设备、交通工具、食品及其他消费与服务的经营者，或者学校以外的活动组织者的过错造成的学生伤害事故，有过错的当事人应当依法承担相应的责任。

第十二条　因下列情形之一造成的学生伤害事故，学校已履行了相应职责，行为并无不当的，无法律责任：

（一）地震、雷击、台风、洪水等不可抗的自然因素造成的；

（二）来自学校外部的突发性、偶发性侵害造成的；

（三）学生有特异体质、特定疾病或者异常心理状态，学校不知道或者难于知道的；

（四）学生自杀、自伤的；

（五）在对抗性或者具有风险性的体育竞赛活动中发生意外伤害的；

（六）其他意外因素造成的。

第十三条　下列情形下发生的造成学生人身损害后果的事故，学校行为并无不当的，不承担事故责任；事故责任应当按有关法律法规或者其他有关规定认定：

（一）在学生自行上学、放学、返校、离校途中发生的；

（二）在学生自行外出或者擅自离校期间发生的；

（三）在放学后、节假日或者假期等学校工作时间以外，学生自行滞留学校或者自行到校发生的；

（四）其他在学校管理职责范围外发生的。

第十四条　因学校教师或者其他工作人员与其职务无关的个人行为，或者因学生、教师及其他个人故意实施的违法犯罪行为，造成学生人身损害的，由致害人依法承担相应的责任。

第三章　事故处理程序

第十五条　发生学生伤害事故，学校应当及时救助受伤害学生，并应当及时告知未成年学生的监护人；有条件的，应当采取紧急救援等方式救助。

第十六条　发生学生伤害事故，情形严重的，学校应当及时向主管教育行政部门及有关部门报告；属于重大伤亡事故的，教育行政部门应当按照有关规定及时向同级人民政府和上一级教育行政部门报告。

第十七条　学校的主管教育行政部门应学校要求或者认为必要，可以指导、协助学校进行事故的处理工作，尽快恢复学校正常的教育教学秩序。

第十八条　发生学生伤害事故，学校与受伤害学生或者学生家长可以通过协商方式解决；双方自愿，可以书面请求主管教育行政部门进行调解。

成年学生或者未成年学生的监护人也可以依法直接提起诉讼。

第十九条　教育行政部门收到调解申请，认为必要的，可以指定专门人员进行调解，并应当在受理申请之日起60日内完成调解。

第二十条　经教育行政部门调解，双方就事故处理达成一致意见的，应当在调解人员的见证下签订调解协议,结束调解;在调解期限内,双方不能达成一致意见,或者调解过程中一方提起诉讼,人民法院已经受理的,应当终止调解。

调解结束或者终止,教育行政部门应当书面通知当事人。

第二十一条 对经调解达成的协议,一方当事人不履行或者反悔的,双方可以依法提起诉讼。

第二十二条 事故处理结束,学校应当将事故处理结果书面报告主管的教育行政部门;重大伤亡事故的处理结果,学校主管的教育行政部门应当向同级人民政府和上一级教育行政部门报告。

第四章 事故损害的赔偿

第二十三条 对发生学生伤害事故负有责任的组织或者个人,应当按照法律法规的有关规定,承担相应的损害赔偿责任。

第二十四条 学生伤害事故赔偿的范围与标准,按照有关行政法规、地方性法规或者最高人民法院司法解释中的有关规定确定。

教育行政部门进行调解时,认为学校有责任的,可以依照有关法律法规及国家有关规定,提出相应的调解方案。

第二十五条 对受伤害学生的伤残程度存在争议的,可以委托当地具有相应鉴定资格的医院或者有关机构,依据国家规定的人体伤残标准进行鉴定。

第二十六条 学校对学生伤害事故负有责任的,根据责任大小,适当予以经济赔偿,但不承担解决户口、住房、就业等与救助受伤害学生、赔偿相应经济损失无直接关系的其他事项。

学校无责任的,如果有条件,可以根据实际情况,本着自愿和可能的原则,对受伤害学生给予适当的帮助。

第二十七条 因学校教师或者其他工作人员在履行职务中的故意或者重大过失造成的学生伤害事故,学校予以赔偿后,可以向有关责任人员追偿。

第二十八条 未成年学生对学生伤害事故负有责任的,由其监护人依法承担相应的赔偿责任。

学生的行为侵害学校教师及其他工作人员以及其他组织、个人的合法权益,造成损失的,成年学生或者未成年学生的监护人应当依法予以赔偿。

第二十九条 根据双方达成的协议、经调解形成的协议或者人民法院的生效判决,应当由学校负担的赔偿金,学校应当负责筹措;学校无力完全筹措的,由学校的主管部门或者举办者协助筹措。

第三十条 县级以上人民政府教育行政部门或者学校举办者有条件的,可以通过设立学生伤害赔偿准备金等多种形式,依法筹措伤害赔偿金。

第三十一条 学校有条件的,应当依据保险法的有关规定,参加学校责任保险。

教育行政部门可以根据实际情况,鼓励中小学参加学校责任保险。

提倡学生自愿参加意外伤害保险。在尊重学生意愿的前提下,学校可以为学生参加意外伤害保险创造便利条件，但不得从中收取任何费用。

第五章 事故责任者的处理

第三十二条 发生学生伤害事故，学校负有责任且情节严重的，教育行政部门应当根据有关规定，对学校的直接负责的主管人员和其他直接责任人员，分别给予相应的行政处分；有关责任人的行为触犯刑律的，应当移送司法机关依法追究刑事责任。

第三十三条 学校管理混乱，存在重大安全隐患的，主管的教育行政部门或者其他有关部门应当责令其限期整顿；对情节严重或者拒不改正的，应当依据法律法规的有关规定，给予相应的行政处罚。

第三十四条 教育行政部门未履行相应职责，对学生伤害事故的发生负有责任的，由有关部门对直接负责的主管人员和其他直接责任人员分别给予相应的行政处分；有关责任人的行为触犯刑律的，应当移送司法机关依法追究刑事责任。

第三十五条 违反学校纪律，对造成学生伤害事故负有责任的学生，学校可以给予相应的处分；触犯刑律的，由司法机关依法追究刑事责任。

第三十六条 受伤害学生的监护人、亲属或者其他有关人员，在事故处理过程中无理取闹，扰乱学校正常教育教学秩序，或者侵犯学校、学校教师或者其他工作人员的合法权益的，学校应当报告公安机关依法处理；造成损失的，可以依法要求赔偿。

第六章 附 则

第三十七条 本办法所称学校，是指国家或者社会力量举办的全日制的中小学（含特殊教育学校）、各类中等职业学校、高等学校。

本办法所称学生是指在上述学校中全日制就读的受教育者。

第三十八条 幼儿园发生的幼儿伤害事故，应当根据幼儿为完全无行为能力人的特点，参照本办法处理。

第三十九条 其他教育机构发生的学生伤害事故，参照本办法处理。

在学校注册的其他受教育者在学校管理范围内发生的伤害事故，参照本办法处理。

第四十条 本办法自2002年9月1日起实施，原国家教委、教育部颁布的与学生人身安全事故处理有关的规定，与本办法不符的，以本办法为准。

在本办法实施之前已处理完毕的学生伤害事故不再重新处理。

附录五

教育部关于修改《国家教育考试违规处理办法》的决定

为进一步保障考试安全，维护考试秩序，规范对国家教育考试中违规行为的处理，保障参加国家教育考试人员的合法权益，教育部决定对《国家教育考试违规处理办法》做如下修改：

一、将第二条修改为"本办法所称国家教育考试是指普通和成人高等学校招生考试、全国硕士研究生招生考试、高等教育自学考试等，由国务院教育行政部门确定实施，由经批准的实施教育考试的机构承办，面向社会公开、统一举行，其结果作为招收学历教育学生或者取得国家承认学历、学位证书依据的测试活动。"

二、将第六条第一段修改为："考生违背考试公平、公正原则，在考试过程中有下列行为之一的，应当认定为考试作弊："

将第（一）项修改为："携带与考试内容相关的材料或者存储有与考试内容相关资料的电子设备参加考试的；"

将第（三）项"强迫他人为自己抄袭提供方便的"，修改为"胁迫他人为自己抄袭提供方便的；"

将第（四）项修改为："携带具有发送或者接收信息功能的设备的；"

将第（九）项修改为："其他以不正当手段获得或者试图获得试题答案、考试成绩的行为。"

三、将第七条第（一）项中的"考试资格和考试成绩的"修改为："考试资格、加分资格和考试成绩的"；

第（二）项修改为："评卷过程中被认定为答案雷同的；"

四、将第八条第一段修改为："考生及其他人员应当自觉维护考试秩序，服从考试工作人员的管理，不得有下列扰乱考试秩序的行为："

第（三）项修改为："威胁、侮辱、诽谤、诬陷或者以其他方式侵害考试工作人员、其他考生合法权益的行为；"

增加一项作为第（四）项："故意损坏考场设施设备；"

原第（四）项修改为第（五）项。

五、将第九条第二款修改为："考生有第六条、第七条所列考试作弊行为之一的，其所报名参加考试的各阶段、各科成绩无效；参加高等教育自学考试的，当次考试各科成绩无效。

有下列情形之一的，可以视情节轻重，同时给予暂停参加该项考试1至3年的处理；

情节特别严重的，可以同时给予暂停参加各种国家教育考试1至3年的处理：

（一）组织团伙作弊的；

（二）向考场外发送、传递试题信息的；

（三）使用相关设备接收信息实施作弊的；

（四）伪造、变造身份证、准考证及其他证明材料，由他人代替或者代替考生参加考试的。"

增加一款作为第四款："参加高等教育自学考试的考生有前款严重作弊行为的，也可以给予延迟毕业时间1至3年的处理，延迟期间考试成绩无效。"

六、将第十条中的"《治安管理处罚条例》"，修改为"《中华人民共和国治安管理处罚法》"。

七、将第十二条修改为："在校学生、在职教师有下列情形之一的，教育考试机构应当通报其所在学校，由学校根据有关规定严肃处理，直至开除学籍或者予以解聘：

（一）代替考生或者由他人代替参加考试的；

（二）组织团伙作弊的；

（三）为作弊组织者提供试题信息、答案及相应设备等参与团伙作弊行为的。"

八、第十三条第（四）项后增加一项作为第（五）项："未认真履行职责，造成所负责考场出现秩序混乱、作弊严重或者视频录像资料损毁、视频系统不能正常工作的；"

将第（五）项修改为第（六）项，其中的"积分误差"修改为"积分差错"。

其后各项序号依次顺延。

九、在第十六条"造成国家教育考试的试题、答案及评分参考丢失、"后增加"损毁、"。

十、将第十七条第一段修改为："有下列行为之一的，由教育考试机构建议行为人所在单位给予行政处分；违反《中华人民共和国治安管理处罚法》的，由公安机关依法处理；构成犯罪的，由司法机关依法追究刑事责任："

第一款第（二）项修改为："代替考生或者由他人代替参加国家教育考试的；"

第（三）项修改为："组织或者参与团伙作弊的；"

增加一款作为第二款："国家工作人员有前款行为的，教育考试机构应当建议有关纪检、监察部门，根据有关规定从重处理。"

十一、在第十九条增加一款，作为第二款："考试工作人员通过视频发现考生有违纪、作弊行为的，应当立即通知在现场的考试工作人员，并应当将视频录像作为证据保存。教育考试机构可以通过视频录像回放，对所涉及考生违规行为进行认定。"

十二、在第二十一条第一款后增加两款，分别作为第二款："考生在参加全国硕士研究生招生考试中的违规行为，由组织考试的机构认定，由相关省级教育考试机构或者受其委托的组织考试的机构做出处理决定。"

第三款："在国家教育考试考场视频录像回放审查中认定的违规行为，由省级教育考试机构认定并做出处理决定。"

原第二款修改为第四款。

十三、将第二十五条第二款修改为:"给予考生停考处理的,经考生申请,省级教育考试机构应当举行听证,对作弊的事实、情节等进行审查、核实。"

十四、将第二十九条修改为:"申请人对复核决定或者处理决定不服的,可以依法申请行政复议或者提起行政诉讼。"

十五、将第三十条修改为:"教育考试机构应当建立国家教育考试考生诚信档案,记录、保留在国家教育考试中作弊人员的相关信息。国家教育考试考生诚信档案中记录的信息未经法定程序,任何组织、个人不得删除、变更。国家教育考试考生诚信档案可以依申请接受社会有关方面的查询,并应当及时向招生学校或单位提供相关信息,作为招生参考条件。"

国家教育考试违规处理办法

(2004年5月19日中华人民共和国教育部令第18号发布,根据2012年1月5日《教育部关于修改〈国家教育考试违规处理办法〉的决定》修正)

第一章 总 则

第一条 为规范对国家教育考试违规行为的认定与处理,维护国家教育考试的公平、公正,保障参加国家教育考试的人员(以下简称考生)、从事和参与国家教育考试工作的人员(以下简称考试工作人员)的合法权益,根据《中华人民共和国教育法》及相关法律、行政法规,制定本办法。

第二条 本办法所称国家教育考试是指普通和成人高等学校招生考试、全国硕士研究生招生考试、高等教育自学考试等,由国务院教育行政部门确定实施,由经批准的实施教育考试的机构承办,面向社会公开、统一举行,其结果作为招收学历教育学生或者取得国家承认学历、学位证书依据的测试活动。

第三条 对参加国家教育考试的考生以及考试工作人员、其他相关人员,违反考试管理规定和考场纪律,影响考试公平、公正行为的认定与处理,适用本办法。

对国家教育考试违规行为的认定与处理应当公开公平、合法适当。

第四条 国务院教育行政部门及地方各级人民政府教育行政部门负责全国或者本地区国家教育考试组织工作的管理与监督。

承办国家教育考试的各级教育考试机构负责有关考试的具体实施,依据本办法,负责对考试违规行为的认定与处理。

第二章 违规行为的认定与处理

第五条 考生不遵守考场纪律,不服从考试工作人员的安排与要求,有下列行为之一的,应当认定为考试违纪:

(一)携带规定以外的物品进入考场或者未放在指定位置的;

(二)未在规定的座位参加考试的;

（三）考试开始信号发出前答题或者考试结束信号发出后继续答题的；

（四）在考试过程中旁窥、交头接耳、互打暗号或者手势的；

（五）在考场或者教育考试机构禁止的范围内，喧哗、吸烟或者实施其他影响考场秩序的行为的；

（六）未经考试工作人员同意在考试过程中擅自离开考场的；

（七）将试卷、答卷（含答题卡、答题纸等，下同）、草稿纸等考试用纸带出考场的；

（八）用规定以外的笔或者纸答题或者在试卷规定以外的地方书写姓名、考号或者以其他方式在答卷上标记信息的；

（九）其他违反考场规则但尚未构成作弊的行为。

第六条 考生违背考试公平、公正原则，在考试过程中有下列行为之一的，应当认定为考试作弊：

（一）携带与考试内容相关的材料或者存储有与考试内容相关资料的电子设备参加考试的；

（二）抄袭或者协助他人抄袭试题答案或者与考试内容相关的资料的；

（三）抢夺、窃取他人试卷、答卷或者胁迫他人为自己抄袭提供方便的；

（四）携带具有发送或者接收信息功能的设备的；

（五）由他人冒名代替参加考试的；

（六）故意销毁试卷、答卷或者考试材料的；

（七）在答卷上填写与本人身份不符的姓名、考号等信息的；

（八）传、接物品或者交换试卷、答卷、草稿纸的；

（九）其他以不正当手段获得或者试图获得试题答案、考试成绩的行为。

第七条 教育考试机构、考试工作人员在考试过程中或者在考试结束后发现下列行为之一的，应当认定相关的考生实施了考试作弊行为：

（一）通过伪造证件、证明、档案及其他材料获得考试资格、加分资格和考试成绩的；

（二）评卷过程中被认定为答案雷同的；

（三）考场纪律混乱、考试秩序失控，出现大面积考试作弊现象的；

（四）考试工作人员协助实施作弊行为，事后查实的；

（五）其他应认定为作弊的行为。

第八条 考生及其他人员应当自觉维护考试秩序，服从考试工作人员的管理，不得有下列扰乱考试秩序的行为：

（一）故意扰乱考点、考场、评卷场所等考试工作场所秩序；

（二）拒绝、妨碍考试工作人员履行管理职责；

（三）威胁、侮辱、诽谤、诬陷或者以其他方式侵害考试工作人员、其他考生合法权益的行为；

（四）故意损坏考场设施设备；

（五）其他扰乱考试管理秩序的行为。

第九条 考生有第五条所列考试违纪行为之一的，取消该科目的考试成绩。

考生有第六条、第七条所列考试作弊行为之一的，其所报名参加考试的各阶段、各科成绩无效；参加高等教育自学考试的，当次考试各科成绩无效。

有下列情形之一的，可以视情节轻重，同时给予暂停参加该项考试1至3年的处理；情节特别严重的，可以同时给予暂停参加各种国家教育考试1至3年的处理：

（一）组织团伙作弊的；

（二）向考场外发送、传递试题信息的；

（三）使用相关设备接收信息实施作弊的；

（四）伪造、变造身份证、准考证及其他证明材料，由他人代替或者代替考生参加考试的。

参加高等教育自学考试的考生有前款严重作弊行为的，也可以给予延迟毕业时间1至3年的处理，延迟期间考试成绩无效。

第十条 考生有第八条所列行为之一的，应当终止其继续参加本科目考试，其当次报名参加考试的各科成绩无效；考生及其他人员的行为违反《中华人民共和国治安管理处罚法》的，由公安机关进行处理；构成犯罪的，由司法机关依法追究刑事责任。

第十一条 考生以作弊行为获得的考试成绩并由此取得相应的学位证书、学历证书及其他学业证书、资格资质证书或者入学资格的，由证书颁发机关宣布证书无效，责令收回证书或者予以没收；已经被录取或者入学的，由录取学校取消录取资格或者其学籍。

第十二条 在校学生、在职教师有下列情形之一的，教育考试机构应当通报其所在学校，由学校根据有关规定严肃处理，直至开除学籍或者予以解聘：

（一）代替考生或者由他人代替参加考试的；

（二）组织团伙作弊的；

（三）为作弊组织者提供试题信息、答案及相应设备等参与团伙作弊行为的。

第十三条 考试工作人员应当认真履行工作职责，在考试管理、组织及评卷等工作过程中，有下列行为之一的，应当停止其参加当年及下一年度的国家教育考试工作，并由教育考试机构或者建议其所在单位视情节轻重分别给予相应的行政处分：

（一）应回避考试工作却隐瞒不报的；

（二）擅自变更考试时间、地点或者考试安排的；

（三）提示或暗示考生答题的；

（四）擅自将试题、答卷或者有关内容带出考场或者传递给他人的；

（五）未认真履行职责，造成所负责考场出现秩序混乱、作弊严重或者视频录像资料损毁、视频系统不能正常工作的；

（六）在评卷、统分中严重失职，造成明显的错评、漏评或者积分差错的；

（七）在评卷中擅自更改评分细则或者不按评分细则进行评卷的；

（八）因未认真履行职责，造成所负责考场出现雷同卷的；

（九）擅自泄露评卷、统分等应予保密的情况的；

（十）其他违反监考、评卷等管理规定的行为。

第十四条 考试工作人员有下列作弊行为之一的，应当停止其参加国家教育考试工作，由教育考试机构或者其所在单位视情节轻重分别给予相应的行政处分，并调离考试工作岗位；情节严重，构成犯罪的，由司法机关依法追究刑事责任：

（一）为不具备参加国家教育考试条件的人员提供假证明、证件、档案，使其取得考试资格或者考试工作人员资格的；

（二）因玩忽职守，致使考生未能如期参加考试的或者使考试工作遭受重大损失的；

（三）利用监考或者从事考试工作之便，为考生作弊提供条件的；

（四）伪造、变造考生档案（含电子档案）的；

（五）在场外组织答卷、为考生提供答案的；

（六）指使、纵容或者伙同他人作弊的；

（七）偷换、涂改考生答卷、考试成绩或者考场原始记录材料的；

（八）擅自更改或者编造、虚报考试数据、信息的；

（九）利用考试工作便利，索贿、受贿、以权徇私的；

（十）诬陷、打击报复考生的。

第十五条 因教育考试机构管理混乱、考试工作人员玩忽职守，造成考点或者考场纪律混乱，作弊现象严重；或者同一考点同一时间的考试有 1/5 以上考场存在雷同卷的，由教育行政部门取消该考点当年及下一年度承办国家教育考试的资格；高等教育自学考试考区内一个或者一个以上专业考试纪律混乱，作弊现象严重，由高等教育自学考试管理机构给予该考区警告或者停考该考区相应专业 1 至 3 年的处理。

对出现大规模作弊情况的考场、考点的相关责任人、负责人及所属考区的负责人，有关部门应当分别给予相应的行政处分；情节严重，构成犯罪的，由司法机关依法追究刑事责任。

第十六条 违反保密规定，造成国家教育考试的试题、答案及评分参考（包括副题及其答案及评分参考，下同）丢失、损毁、泄密，或者使考生答卷在保密期限内发生重大事故的，由有关部门视情节轻重，分别给予责任人和有关负责人行政处分；构成犯罪的，由司法机关依法追究刑事责任。

盗窃、损毁、传播在保密期限内的国家教育考试试题、答案及评分参考、考生答卷、考试成绩的，由有关部门依法追究有关人员的责任；构成犯罪的，由司法机关依法追究刑事责任。

第十七条 有下列行为之一的，由教育考试机构建议行为人所在单位给予行政处分；违反《中华人民共和国治安管理处罚法》的，由公安机关依法处理；构成犯罪的，由司法机关依法追究刑事责任：

（一）指使、纵容、授意考试工作人员放松考试纪律，致使考场秩序混乱、作弊严重的；

（二）代替考生或者由他人代替参加国家教育考试的；

（三）组织或者参与团伙作弊的；

（四）利用职权，包庇、掩盖作弊行为或者胁迫他人作弊的；

（五）以打击、报复、诬陷、威胁等手段侵犯考试工作人员、考生人身权利的；

（六）向考试工作人员行贿的；

（七）故意损坏考试设施的；

（八）扰乱、妨害考场、评卷点及有关考试工作场所秩序后果严重的。

国家工作人员有前款行为的，教育考试机构应当建议有关纪检、监察部门，根据有关规定从重处理。

第三章 违规行为认定与处理程序

第十八条 考试工作人员在考试过程中发现考生实施本办法第五条、第六条所列考试违纪、作弊行为的，应当及时予以纠正并如实记录；对考生用于作弊的材料、工具等，应予暂扣。

考生违规记录作为认定考生违规事实的依据，应当由 2 名以上监考员或者考场巡视员、督考员签字确认。

考试工作人员应当向违纪考生告知违规记录的内容，对暂扣的考生物品应填写收据。

第十九条 教育考试机构发现本办法第七条、第八条所列行为的，应当由 2 名以上工作人员进行事实调查，收集、保存相应的证据材料，并在调查事实和证据的基础上，对所涉及考生的违规行为进行认定。

考试工作人员通过视频发现考生有违纪、作弊行为的，应当立即通知在现场的考试工作人员，并应当将视频录像作为证据保存。教育考试机构可以通过视频录像回放，对所涉及考生违规行为进行认定。

第二十条 考点汇总考生违规记录，汇总情况经考点主考签字认定后，报送上级教育考试机构依据本办法的规定进行处理。

第二十一条 考生在普通和成人高等学校招生考试、高等教育自学考试中，出现第五条所列考试违纪行为的，由省级教育考试机构或者市级教育考试机构做出处理决定，由市级教育考试机构做出的处理决定应报省级教育考试机构备案；出现第六条、第七条所列考试作弊行为的，由市级教育考试机构签署意见，报省级教育考试机构处理，省级教育考试机构也可以要求市级教育考试机构报送材料及证据，直接进行处理；出现本办法第八条所列扰乱考试秩序行为的，由市级教育考试机构签署意见，报省级教育考试机构按照前款规定处理，对考生及其他人员违反治安管理法律法规的行为，由当地公安部门处理；评卷过程中发现考生有本办法第七条所列考试作弊行为的，由省级教育考试机构做出处理决定，并通知市级教育考试机构。

考生在参加全国硕士研究生招生考试中的违规行为，由组织考试的机构认定，由相关省级教育考试机构或者受其委托的组织考试的机构做出处理决定。

在国家教育考试考场视频录像回放审查中认定的违规行为，由省级教育考试机构认定并做出处理决定。

参加其他国家教育考试考生违规行为的处理由承办有关国家教育考试的考试机构参照前款规定具体确定。

第二十二条 教育行政部门和其他有关部门在考点、考场出现大面积作弊情况或者需要对教育考试机构实施监督的情况下，应当直接介入调查和处理。

发生第十四、十五、十六条所列案件，情节严重的，由省级教育行政部门会同有关部门共同处理，并及时报告国务院教育行政部门；必要时，国务院教育行政部门参与或者直接进行处理。

第二十三条 考试工作人员在考场、考点及评卷过程中有违反本办法的行为的，考点主考、评卷点负责人应当暂停其工作，并报相应的教育考试机构处理。

第二十四条 在其他与考试相关的场所违反有关规定的考生，由市级教育考试机构或者省级教育考试机构做出处理决定；市级教育考试机构做出的处理决定应报省级教育考试机构备案。

在其他与考试相关的场所违反有关规定的考试工作人员，由所在单位根据市级教育考试机构或者省级教育考试机构提出的处理意见，进行处理，处理结果应当向提出处理的教育考试机构通报。

第二十五条 教育考试机构在对考试违规的个人或者单位做出处理决定前，应当复核违规事实和相关证据，告知被处理人或者单位做出处理决定的理由和依据；被处理人或者单位对所认定的违规事实认定存在异议的，应当给予其陈述和申辩的机会。

给予考生停考处理的，经考生申请，省级教育考试机构应当举行听证，对作弊的事实、情节等进行审查、核实。

第二十六条 教育考试机构做出处理决定应当制作考试违规处理决定书，载明被处理人的姓名或者单位名称、处理事实根据和法律依据、处理决定的内容、救济途径以及做出处理决定的机构名称和做出处理决定的时间。

考试违规处理决定书应当及时送达被处理人。

第二十七条 考生或者考试工作人员对教育考试机构做出的违规处理决定不服的，可以在收到处理决定之日起15日内，向其上一级教育考试机构提出复核申请；对省级教育考试机构或者承办国家教育考试的机构做出的处理决定不服的，也可以向省级教育行政部门或者授权承担国家教育考试的主管部门提出复核申请。

第二十八条 受理复核申请的教育考试机构、教育行政部门应对处理决定所认定的违规事实和适用的依据等进行审查，并在受理后30日内，按照下列规定作出复核决定：

（一）处理决定认定事实清楚、证据确凿，适用依据正确，程序合法，内容适当的，决定维持；

（二）处理决定有下列情况之一的，决定撤销或者变更：

1. 违规事实认定不清、证据不足的；

2. 适用依据错误的；

3. 违反本办法规定的处理程序的。

做出决定的教育考试机构对因错误的处理决定给考生造成的损失，应当予以补救。

第二十九条　申请人对复核决定或者处理决定不服的，可以依法申请行政复议或者提起行政诉讼。

第三十条　教育考试机构应当建立国家教育考试考生诚信档案，记录、保留在国家教育考试中作弊人员的相关信息。国家教育考试考生诚信档案中记录的信息未经法定程序，任何组织、个人不得删除、变更。

国家教育考试考生诚信档案可以依申请接受社会有关方面的查询，并应当及时向招生学校或单位提供相关信息，作为招生参考条件。

第三十一条　省级教育考试机构应当及时汇总本地区违反规定的考生及考试工作人员的处理情况，并向国家教育考试机构报告。

第四章　附　则

第三十二条　本办法所称考场是指实施考试的封闭空间；所称考点是指设置若干考场独立进行考务活动的特定场所；所称考区是指由省级教育考试机构设置，由若干考点组成，进行国家教育考试实施工作的特定地区。

第三十三条　非全日制攻读硕士学位全国考试、中国人民解放军高等教育自学考试及其他各级各类教育考试的违规处理可以参照本办法执行。

第三十四条　本办法自发布之日起施行。此前教育部颁布的各有关国家教育考试的违规处理规定同时废止。

附录六

中华人民共和国刑法修正案（九）

（2015年8月29日第十二届全国人民代表大会常务委员会第十六次会议通过）

一、在刑法第三十七条后增加一条，作为第三十七条之一："因利用职业便利实施犯罪，或者实施违背职业要求的特定义务的犯罪被判处刑罚的，人民法院可以根据犯罪情况和预防再犯罪的需要，禁止其自刑罚执行完毕之日或者假释之日起从事相关职业，期限为三年至五年。"

"被禁止从事相关职业的人违反人民法院依照前款规定作出的决定的，由公安机关依法给予处罚；情节严重的，依照本法第三百一十三条的规定定罪处罚。"

"其他法律、行政法规对其从事相关职业另有禁止或者限制性规定的，从其规定。"

二、将刑法第五十条第一款修改为："判处死刑缓期执行的，在死刑缓期执行期间，如果没有故意犯罪，二年期满以后，减为无期徒刑；如果确有重大立功表现，二年期满以后，减为二十五年有期徒刑；如果故意犯罪，情节恶劣的，报请最高人民法院核准后执行死刑；对于故意犯罪未执行死刑的，死刑缓期执行的期间重新计算，并报最高人民法院备案。"

三、将刑法第五十三条修改为："罚金在判决指定的期限内一次或者分期缴纳。期满不缴纳的，强制缴纳。对于不能全部缴纳罚金的，人民法院在任何时候发现被执行人有可以执行的财产，应当随时追缴。"

"由于遭遇不能抗拒的灾祸等原因缴纳确实有困难的，经人民法院裁定，可以延期缴纳、酌情减少或者免除。"

四、在刑法第六十九条中增加一款作为第二款："数罪中有判处有期徒刑和拘役的，执行有期徒刑。数罪中有判处有期徒刑和管制，或者拘役和管制的，有期徒刑、拘役执行完毕后，管制仍须执行。"

原第二款作为第三款。

五、将刑法第一百二十条修改为："组织、领导恐怖活动组织的，处十年以上有期徒刑或者无期徒刑，并处没收财产；积极参加的，处三年以上十年以下有期徒刑，并处罚金；其他参加的，处三年以下有期徒刑、拘役、管制或者剥夺政治权利，可以并处罚金。"

"犯前款罪并实施杀人、爆炸、绑架等犯罪的，依照数罪并罚的规定处罚。"

六、将刑法第一百二十条之一修改为："资助恐怖活动组织、实施恐怖活动的个人的，或者资助恐怖活动培训的，处五年以下有期徒刑、拘役、管制或者剥夺政治权利，并处罚金；情节严重的，处五年以上有期徒刑，并处罚金或者没收财产。"

"为恐怖活动组织、实施恐怖活动或者恐怖活动培训招募、运送人员的，依照前款的规定处罚。"

"单位犯前两款罪的,对单位判处罚金,并对其直接负责的主管人员和其他直接责任人员,依照第一款的规定处罚。"

七、在刑法第一百二十条之一后增加五条,作为第一百二十条之二、第一百二十条之三、第一百二十条之四、第一百二十条之五、第一百二十条之六:

"第一百二十条之二　有下列情形之一的,处五年以下有期徒刑、拘役、管制或者剥夺政治权利,并处罚金;情节严重的,处五年以上有期徒刑,并处罚金或者没收财产:

(一) 为实施恐怖活动准备凶器、危险物品或者其他工具的;

(二) 组织恐怖活动培训或者积极参加恐怖活动培训的;

(三) 为实施恐怖活动与境外恐怖活动组织或者人员联络的;

(四) 为实施恐怖活动进行策划或者其他准备的。

"有前款行为,同时构成其他犯罪的,依照处罚较重的规定定罪处罚。"

"第一百二十条之三　以制作、散发宣扬恐怖主义、极端主义的图书、音频视频资料或者其他物品,或者通过讲授、发布信息等方式宣扬恐怖主义、极端主义的,或者煽动实施恐怖活动的,处五年以下有期徒刑、拘役、管制或者剥夺政治权利,并处罚金;情节严重的,处五年以上有期徒刑,并处罚金或者没收财产。"

"第一百二十条之四　利用极端主义煽动、胁迫群众破坏国家法律确立的婚姻、司法、教育、社会管理等制度实施的,处三年以下有期徒刑、拘役或者管制,并处罚金;情节严重的,处三年以上七年以下有期徒刑,并处罚金;情节特别严重的,处七年以上有期徒刑,并处罚金或者没收财产。"

"第一百二十条之五　以暴力、胁迫等方式强制他人在公共场所穿着、佩戴宣扬恐怖主义、极端主义服饰、标志的,处三年以下有期徒刑、拘役或者管制,并处罚金。"

"第一百二十条之六　明知是宣扬恐怖主义、极端主义的图书、音频视频资料或者其他物品而非法持有,情节严重的,处三年以下有期徒刑、拘役或者管制,并处或者单处罚金。"

八、将刑法第一百三十三条之一修改为:"在道路上驾驶机动车,有下列情形之一的,处拘役,并处罚金:

(一) 追逐竞驶,情节恶劣的;

(二) 醉酒驾驶机动车的;

(三) 从事校车业务或者旅客运输,严重超过额定乘员载客,或者严重超过规定时速行驶的;

(四) 违反危险化学品安全管理规定运输危险化学品,危及公共安全的。"

"机动车所有人、管理人对前款第三项、第四项行为负有直接责任的,依照前款的规定处罚。"

"有前两款行为,同时构成其他犯罪的,依照处罚较重的规定定罪处罚。"

九、将刑法第一百五十一条第一款修改为:"走私武器、弹药、核材料或者伪造的货币的，处七年以上有期徒刑，并处罚金或者没收财产；情节特别严重的，处无期徒刑，并处没收财产；情节较轻的，处三年以上七年以下有期徒刑，并处罚金。"

十、将刑法第一百六十四条第一款修改为："为谋取不正当利益，给予公司、企业或者其他单位的工作人员以财物，数额较大的，处三年以下有期徒刑或者拘役，并处罚金；数额巨大的，处三年以上十年以下有期徒刑，并处罚金。"

十一、将刑法第一百七十条修改为："伪造货币的，处三年以上十年以下有期徒刑，并处罚金；有下列情形之一的，处十年以上有期徒刑或者无期徒刑，并处罚金或者没收财产：

（一）伪造货币集团的首要分子；

（二）伪造货币数额特别巨大的；

（三）有其他特别严重情节的。"

十二、删去刑法第一百九十九条。

十三、将刑法第二百三十七条修改为："以暴力、胁迫或者其他方法强制猥亵他人或者侮辱妇女的，处五年以下有期徒刑或者拘役。"

"聚众或者在公共场所当众犯前款罪的，或者有其他恶劣情节的，处五年以上有期徒刑。"

"猥亵儿童的，依照前两款的规定从重处罚。"

十四、将刑法第二百三十九条第二款修改为："犯前款罪，杀害被绑架人的，或者故意伤害被绑架人，致人重伤、死亡的，处无期徒刑或者死刑，并处没收财产。"

十五、将刑法第二百四十一条第六款修改为："收买被拐卖的妇女、儿童，对被买儿童没有虐待行为，不阻碍对其进行解救的，可以从轻处罚；按照被买妇女的意愿，不阻碍其返回原居住地的，可以从轻或者减轻处罚。"

十六、在刑法第二百四十六条中增加一款作为第三款："通过信息网络实施第一款规定的行为，被害人向人民法院告诉，但提供证据确有困难的，人民法院可以要求公安机关提供协助。"

十七、将刑法第二百五十三条之一修改为："违反国家有关规定，向他人出售或者提供公民个人信息，情节严重的，处三年以下有期徒刑或者拘役，并处或者单处罚金；情节特别严重的，处三年以上七年以下有期徒刑，并处罚金。

"违反国家有关规定，将在履行职责或者提供服务过程中获得的公民个人信息，出售或者提供给他人的，依照前款的规定从重处罚。"

"窃取或者以其他方法非法获取公民个人信息的，依照第一款的规定处罚。"

"单位犯前三款罪的，对单位判处罚金，并对其直接负责的主管人员和其他直接责任人员，依照各该款的规定处罚。"

十八、将刑法第二百六十条第三款修改为："第一款罪，告诉的才处理，但被害人没有能力告诉，或者因受到强制、威吓无法告诉的除外。"

十九、在刑法第二百六十条后增加一条，作为第二百六十条之一："对未成年人、老年人、患病的人、残疾人等负有监护、看护职责的人虐待被监护、看护的人,情节恶劣的,处三年以下有期徒刑或者拘役。"

"单位犯前款罪的,对单位判处罚金,并对其直接负责的主管人员和其他直接责任人员,依照前款的规定处罚。"

"有第一款行为,同时构成其他犯罪的,依照处罚较重的规定定罪处罚。"

二十、将刑法第二百六十七条第一款修改为:"抢夺公私财物,数额较大的,或者多次抢夺的,处三年以下有期徒刑、拘役或者管制,并处或者单处罚金;数额巨大或者有其他严重情节的,处三年以上十年以下有期徒刑,并处罚金;数额特别巨大或者有其他特别严重情节的,处十年以上有期徒刑或者无期徒刑,并处罚金或者没收财产。"

二十一、在刑法第二百七十七条中增加一款作为第五款:"暴力袭击正在依法执行职务的人民警察的,依照第一款的规定从重处罚。"

二十二、将刑法第二百八十条修改为:"伪造、变造、买卖或者盗窃、抢夺、毁灭国家机关的公文、证件、印章的,处三年以下有期徒刑、拘役、管制或者剥夺政治权利,并处罚金;情节严重的,处三年以上十年以下有期徒刑,并处罚金。"

"伪造公司、企业、事业单位、人民团体的印章的,处三年以下有期徒刑、拘役、管制或者剥夺政治权利,并处罚金。"

"伪造、变造、买卖居民身份证、护照、社会保障卡、驾驶证等依法可以用于证明身份的证件的,处三年以下有期徒刑、拘役、管制或者剥夺政治权利,并处罚金;情节严重的,处三年以上七年以下有期徒刑,并处罚金。"

二十三、在刑法第二百八十条后增加一条作为第二百八十条之一:"在依照国家规定应当提供身份证明的活动中,使用伪造、变造的或者盗用他人的居民身份证、护照、社会保障卡、驾驶证等依法可以用于证明身份的证件,情节严重的,处拘役或者管制,并处或者单处罚金。"

"有前款行为,同时构成其他犯罪的,依照处罚较重的规定定罪处罚。"

二十四、将刑法第二百八十三条修改为:"非法生产、销售专用间谍器材或者窃听、窃照专用器材的,处三年以下有期徒刑、拘役或者管制,并处或者单处罚金;情节严重的,处三年以上七年以下有期徒刑,并处罚金。"

"单位犯前款罪的,对单位判处罚金,并对其直接负责的主管人员和其他直接责任人员,依照前款的规定处罚。"

二十五、在刑法第二百八十四条后增加一条,作为第二百八十四条之一:"在法律规定的国家考试中,组织作弊的,处三年以下有期徒刑或者拘役,并处或者单处罚金;情节严重的,处三年以上七年以下有期徒刑,并处罚金。

"为他人实施前款犯罪提供作弊器材或者其他帮助的,依照前款的规定处罚。"

"为实施考试作弊行为,向他人非法出售或者提供第一款规定的考试的试题、答案的,依照第一款的规定处罚。"

"代替他人或者让他人代替自己参加第一款规定的考试的,处拘役或者管制,并处或者单处罚金。"

二十六、在刑法第二百八十五条中增加一款作为第四款:"单位犯前三款罪的,对单位判处罚金,并对其直接负责的主管人员和其他直接责任人员,依照各该款的规定处罚。"

二十七、在刑法第二百八十六条中增加一款作为第四款:"单位犯前三款罪的,对单位判处罚金,并对其直接负责的主管人员和其他直接责任人员,依照第一款的规定处罚。"

二十八、在刑法第二百八十六条后增加一条,作为第二百八十六条之一:"网络服务提供者不履行法律、行政法规规定的信息网络安全管理义务,经监管部门责令采取改正措施而拒不改正,有下列情形之一的,处三年以下有期徒刑、拘役或者管制,并处或者单处罚金:

(一)致使违法信息大量传播的;

(二)致使用户信息泄露,造成严重后果的;

(三)致使刑事案件证据灭失,情节严重的;

(四)有其他严重情节的。"

"单位犯前款罪的,对单位判处罚金,并对其直接负责的主管人员和其他直接责任人员,依照前款的规定处罚。"

"有前两款行为,同时构成其他犯罪的,依照处罚较重的规定定罪处罚。"

二十九、在刑法第二百八十七条后增加二条,作为第二百八十七条之一、第二百八十七条之二:

"第二百八十七条之一 利用信息网络实施下列行为之一,情节严重的,处三年以下有期徒刑或者拘役,并处或者单处罚金:

(一)设立用于实施诈骗、传授犯罪方法、制作或者销售违禁物品、管制物品等违法犯罪活动的网站、通讯群组的;

(二)发布有关制作或者销售毒品、枪支、淫秽物品等违禁物品、管制物品或者其他违法犯罪信息的;

(三)为实施诈骗等违法犯罪活动发布信息的。"

"单位犯前款罪的,对单位判处罚金,并对其直接负责的主管人员和其他直接责任人员,依照第一款的规定处罚。"

"有前两款行为,同时构成其他犯罪的,依照处罚较重的规定定罪处罚。"

"第二百八十七条之二 明知他人利用信息网络实施犯罪,为其犯罪提供互联网接入、服务器托管、网络存储、通讯传输等技术支持,或者提供广告推广、支付结算等帮助,情节严重的,处三年以下有期徒刑或者拘役,并处或者单处罚金。"

"单位犯前款罪的,对单位判处罚金,并对其直接负责的主管人员和其他直接责任人员,依照第一款的规定处罚。"

"有前两款行为,同时构成其他犯罪的,依照处罚较重的规定定罪处罚。"

三十、将刑法第二百八十八条第一款修改为:"违反国家规定,擅自设置、使用无线电台(站),或者擅自使用无线电频率,干扰无线电通信秩序,情节严重的,处三年以下有期徒刑、拘役或者管制，并处或者单处罚金；情节特别严重的，处三年以上七年以下有期徒刑，并处罚金。"

三十一、将刑法第二百九十条第一款修改为："聚众扰乱社会秩序，情节严重，致使工作、生产、营业和教学、科研、医疗无法进行，造成严重损失的，对首要分子，处三年以上七年以下有期徒刑；对其他积极参加的，处三年以下有期徒刑、拘役、管制或者剥夺政治权利。"

增加二款作为第三款、第四款："多次扰乱国家机关工作秩序，经行政处罚后仍不改正，造成严重后果的，处三年以下有期徒刑、拘役或者管制。"

"多次组织、资助他人非法聚集，扰乱社会秩序，情节严重的，依照前款的规定处罚。"

三十二、在刑法第二百九十一条之一中增加一款作为第二款："编造虚假的险情、疫情、灾情、警情，在信息网络或者其他媒体上传播，或者明知是上述虚假信息，故意在信息网络或者其他媒体上传播，严重扰乱社会秩序的，处三年以下有期徒刑、拘役或者管制；造成严重后果的，处三年以上七年以下有期徒刑。"

三十三、将刑法第三百条修改为："组织、利用会道门、邪教组织或者利用迷信破坏国家法律、行政法规实施的，处三年以上七年以下有期徒刑，并处罚金；情节特别严重的，处七年以上有期徒刑或者无期徒刑，并处罚金或者没收财产；情节较轻的，处三年以下有期徒刑、拘役、管制或者剥夺政治权利，并处或者单处罚金。"

"组织、利用会道门、邪教组织或者利用迷信蒙骗他人，致人重伤、死亡的，依照前款的规定处罚。"

"犯第一款罪又有奸淫妇女、诈骗财物等犯罪行为的，依照数罪并罚的规定处罚。"

三十四、将刑法第三百零二条修改为："盗窃、侮辱、故意毁坏尸体、尸骨、骨灰的，处三年以下有期徒刑、拘役或者管制。"

三十五、在刑法第三百零七条后增加一条，作为第三百零七条之一："以捏造的事实提起民事诉讼，妨害司法秩序或者严重侵害他人合法权益的，处三年以下有期徒刑、拘役或者管制，并处或者单处罚金；情节严重的，处三年以上七年以下有期徒刑，并处罚金。"

"单位犯前款罪的，对单位判处罚金，并对其直接负责的主管人员和其他直接责任人员，依照前款的规定处罚。"

"有第一款行为，非法占有他人财产或者逃避合法债务，又构成其他犯罪的，依照处罚较重的规定定罪从重处罚。"

"司法工作人员利用职权，与他人共同实施前三款行为的，从重处罚；同时构成其他犯罪的，依照处罚较重的规定定罪从重处罚。"

三十六、在刑法第三百零八条后增加一条，作为第三百零八条之一："司法工作人员、辩护人、诉讼代理人或者其他诉讼参与人，泄露依法不公开审理的案件中不应当公开的信息，造成信息公开传播或者其他严重后果的，处三年以下有期徒刑、拘役或者管制，并处或者单处罚金。"

"有前款行为,泄露国家秘密的,依照本法第三百九十八条的规定定罪处罚。"

"公开披露、报道第一款规定的案件信息,情节严重的,依照第一款的规定处罚。"

"单位犯前款罪的,对单位判处罚金,并对其直接负责的主管人员和其他直接责任人员,依照第一款的规定处罚。"

三十七、将刑法第三百零九条修改为:"有下列扰乱法庭秩序情形之一的,处三年以下有期徒刑、拘役、管制或者罚金:

(一)聚众哄闹、冲击法庭的;

(二)殴打司法工作人员或者诉讼参与人的;

(三)侮辱、诽谤、威胁司法工作人员或者诉讼参与人,不听法庭制止,严重扰乱法庭秩序的;

(四)有毁坏法庭设施,抢夺、损毁诉讼文书、证据等扰乱法庭秩序行为,情节严重的。"

三十八、将刑法第三百一十一条修改为:"明知他人有间谍犯罪或者恐怖主义、极端主义犯罪行为,在司法机关向其调查有关情况、收集有关证据时,拒绝提供,情节严重的,处三年以下有期徒刑、拘役或者管制。"

三十九、将刑法第三百一十三条修改为:"对人民法院的判决、裁定有能力执行而拒不执行,情节严重的,处三年以下有期徒刑、拘役或者罚金;情节特别严重的,处三年以上七年以下有期徒刑,并处罚金。"

"单位犯前款罪的,对单位判处罚金,并对其直接负责的主管人员和其他直接责任人员,依照前款的规定处罚。"

四十、将刑法第三百二十二条修改为:"违反国(边)境管理法规,偷越国(边)境,情节严重的,处一年以下有期徒刑、拘役或者管制,并处罚金;为参加恐怖活动组织、接受恐怖活动培训或者实施恐怖活动,偷越国(边)境的,处一年以上三年以下有期徒刑,并处罚金。"

四十一、将刑法第三百五十条第一款、第二款修改为:"违反国家规定,非法生产、买卖、运输醋酸酐、乙醚、三氯甲烷或者其他用于制造毒品的原料、配剂,或者携带上述物品进出境,情节较重的,处三年以下有期徒刑、拘役或者管制,并处罚金;情节严重的,处三年以上七年以下有期徒刑,并处罚金;情节特别严重的,处七年以上有期徒刑,并处罚金或者没收财产。"

"明知他人制造毒品而为其生产、买卖、运输前款规定的物品的,以制造毒品罪的共犯论处。"

四十二、将刑法第三百五十八条修改为:"组织、强迫他人卖淫的,处五年以上十年以下有期徒刑,并处罚金;情节严重的,处十年以上有期徒刑或者无期徒刑,并处罚金或者没收财产。

"组织、强迫未成年人卖淫的,依照前款的规定从重处罚。"

"犯前两款罪,并有杀害、伤害、强奸、绑架等犯罪行为的,依照数罪并罚的规定处罚。"

"为组织卖淫的人招募、运送人员或者有其他协助组织他人卖淫行为的，处五年以下有期徒刑，并处罚金；情节严重的，处五年以上十年以下有期徒刑，并处罚金。"

四十三、删去刑法第三百六十条第二款。

四十四、将刑法第三百八十三条修改为："对犯贪污罪的，根据情节轻重，分别依照下列规定处罚：

（一）贪污数额较大或者有其他较重情节的，处三年以下有期徒刑或者拘役，并处罚金。

（二）贪污数额巨大或者有其他严重情节的，处三年以上十年以下有期徒刑，并处罚金或者没收财产。

（三）贪污数额特别巨大或者有其他特别严重情节的，处十年以上有期徒刑或者无期徒刑，并处罚金或者没收财产；数额特别巨大，并使国家和人民利益遭受特别重大损失的，处无期徒刑或者死刑，并处没收财产。"

"对多次贪污未经处理的，按照累计贪污数额处罚。"

"犯第一款罪，在提起公诉前如实供述自己罪行、真诚悔罪、积极退赃，避免、减少损害结果的发生，有第一项规定情形的，可以从轻、减轻或者免除处罚；有第二项、第三项规定情形的，可以从轻处罚。"

"犯第一款罪，有第三项规定情形被判处死刑缓期执行的，人民法院根据犯罪情节等情况可以同时决定在其死刑缓期执行二年期满依法减为无期徒刑后，终身监禁，不得减刑、假释。"

四十五、将刑法第三百九十条修改为："对犯行贿罪的，处五年以下有期徒刑或者拘役，并处罚金；因行贿谋取不正当利益，情节严重的，或者使国家利益遭受重大损失的，处五年以上十年以下有期徒刑，并处罚金；情节特别严重的，或者使国家利益遭受特别重大损失的，处十年以上有期徒刑或者无期徒刑，并处罚金或者没收财产。"

"行贿人在被追诉前主动交代行贿行为的，可以从轻或者减轻处罚。其中，犯罪较轻的，对侦破重大案件起关键作用的，或者有重大立功表现的，可以减轻或者免除处罚。"

四十六、在刑法第三百九十条后增加一条，作为第三百九十条之一："为谋取不正当利益，向国家工作人员的近亲属或者其他与该国家工作人员关系密切的人，或者向离职的国家工作人员或者其近亲属以及其他与其关系密切的人行贿的，处三年以下有期徒刑或者拘役，并处罚金；情节严重的，或者使国家利益遭受重大损失的，处三年以上七年以下有期徒刑，并处罚金；情节特别严重的，或者使国家利益遭受特别重大损失的，处七年以上十年以下有期徒刑，并处罚金。"

"单位犯前款罪的，对单位判处罚金，并对其直接负责的主管人员和其他直接责任人员，处三年以下有期徒刑或者拘役，并处罚金。"

四十七、将刑法第三百九十一条第一款修改为："为谋取不正当利益，给予国家机关、国有公司、企业、事业单位、人民团体以财物的，或者在经济往来中，违反国家规定，给予各种名义的回扣、手续费的，处三年以下有期徒刑或者拘役，并处罚金。"

四十八、将刑法第三百九十二条第一款修改为："向国家工作人员介绍贿赂，情节严重的，处三年以下有期徒刑或者拘役，并处罚金。"

四十九、将刑法第三百九十三条修改为："单位为谋取不正当利益而行贿，或者违反国家规定，给予国家工作人员以回扣、手续费，情节严重的，对单位判处罚金，并对其直接负责的主管人员和其他直接责任人员，处五年以下有期徒刑或者拘役，并处罚金。因行贿取得的违法所得归个人所有的，依照本法第三百八十九条、第三百九十条的规定定罪处罚。"

五十、将刑法第四百二十六条修改为："以暴力、威胁方法，阻碍指挥人员或者值班、值勤人员执行职务的，处五年以下有期徒刑或者拘役；情节严重的，处五年以上十年以下有期徒刑；情节特别严重的，处十年以上有期徒刑或者无期徒刑。战时从重处罚。"

五十一、将刑法第四百三十三条修改为："战时造谣惑众，动摇军心的，处三年以下有期徒刑；情节严重的，处三年以上十年以下有期徒刑；情节特别严重的，处十年以上有期徒刑或者无期徒刑。"

五十二、本修正案自 2015 年 11 月 1 日起施行。

附录七

中华人民共和国治安管理处罚法

第一章 总 则

第一条 为维护社会治安秩序，保障公共安全，保护公民、法人和其他组织的合法权益，规范和保障公安机关及其人民警察依法履行治安管理职责，制定本法。

第二条 扰乱公共秩序，妨害公共安全，侵犯人身权利、财产权利，妨害社会管理，具有社会危害性，依照《中华人民共和国刑法》的规定构成犯罪的，依法追究刑事责任；尚不够刑事处罚的，由公安机关依照本法给予治安管理处罚。

第三条 治安管理处罚的程序，适用本法的规定；本法没有规定的，适用《中华人民共和国行政处罚法》的有关规定。

第四条 在中华人民共和国领域内发生的违反治安管理行为，除法律有特别规定的外，适用本法。

在中华人民共和国船舶和航空器内发生的违反治安管理行为，除法律有特别规定的外，适用本法。

第五条 治安管理处罚必须以事实为依据，与违反治安管理行为的性质、情节以及社会危害程度相当。

实施治安管理处罚，应当公开、公正，尊重和保障人权，保护公民的人格尊严。

办理治安案件应当坚持教育与处罚相结合的原则。

第六条 各级人民政府应当加强社会治安综合治理，采取有效措施，化解社会矛盾，增进社会和谐，维护社会稳定。

第七条 国务院公安部门负责全国的治安管理工作。县级以上地方各级人民政府公安机关负责本行政区域内的治安管理工作。

治安案件的管辖由国务院公安部门规定。

第八条 违反治安管理的行为对他人造成损害的，行为人或者其监护人应当依法承担民事责任。

第九条 对于因民间纠纷引起的打架斗殴或者损毁他人财物等违反治安管理行为，情节较轻的，公安机关可以调解处理。经公安机关调解，当事人达成协议的，不予处罚。经调解未达成协议或者达成协议后不履行的，公安机关应当依照本法的规定对违反治安管理行为人给予处罚，并告知当事人可以就民事争议依法向人民法院提起民事诉讼。

第二章 处罚的种类和适用

第十条 治安管理处罚的种类分为：

（一）警告；

（二）罚款；

（三）行政拘留；

（四）吊销公安机关发放的许可证。

对违反治安管理的外国人，可以附加适用限期出境或者驱逐出境。

第十一条　办理治安案件所查获的毒品、淫秽物品等违禁品，赌具、赌资，吸食、注射毒品的用具以及直接用于实施违反治安管理行为的本人所有的工具，应当收缴，按照规定处理。

违反治安管理所得的财物，追缴退还被侵害人；没有被侵害人的，登记造册，公开拍卖或者按照国家有关规定处理，所得款项上缴国库。

第十二条　已满十四周岁不满十八周岁的人违反治安管理的，从轻或者减轻处罚；不满十四周岁的人违反治安管理的，不予处罚，但是应当责令其监护人严加管教。

第十三条　精神病人在不能辨认或者不能控制自己行为的时候违反治安管理的，不予处罚，但是应当责令其监护人严加看管和治疗。间歇性的精神病人在精神正常的时候违反治安管理的，应当给予处罚。

第十四条　盲人或者又聋又哑的人违反治安管理的，可以从轻、减轻或者不予处罚。

第十五条　醉酒的人违反治安管理的，应当给予处罚。

醉酒的人在醉酒状态中，对本人有危险或者对他人的人身、财产或者公共安全有威胁的，应当对其采取保护性措施约束至酒醒。

第十六条　有两种以上违反治安管理行为的，分别决定，合并执行。行政拘留处罚合并执行的，最长不超过二十日。

第十七条　共同违反治安管理的，根据违反治安管理行为人在违反治安管理行为中所起的作用，分别处罚。

教唆、胁迫、诱骗他人违反治安管理的，按照其教唆、胁迫、诱骗的行为处罚。

第十八条　单位违反治安管理的，对其直接负责的主管人员和其他直接责任人员依照本法的规定处罚。其他法律、行政法规对同一行为规定给予单位处罚的，依照其规定处罚。

第十九条　违反治安管理有下列情形之一的，减轻处罚或者不予处罚：

（一）情节特别轻微的；

（二）主动消除或者减轻违法后果，并取得被侵害人谅解的；

（三）出于他人胁迫或者诱骗的；

（四）主动投案，向公安机关如实陈述自己的违法行为的；

（五）有立功表现的。

第二十条　违反治安管理有下列情形之一的，从重处罚：

（一）有较严重后果的；

（二）教唆、胁迫、诱骗他人违反治安管理的；

（三）对报案人、控告人、举报人、证人打击报复的；

（四）六个月内曾受过治安管理处罚的。

第二十一条 违反治安管理行为人有下列情形之一，依照本法应当给予行政拘留处罚的，不执行行政拘留处罚：

（一）已满十四周岁不满十六周岁的；

（二）已满十六周岁不满十八周岁，初次违反治安管理的；

（三）七十周岁以上的；

（四）怀孕或者哺乳自己不满一周岁婴儿的。

第二十二条 违反治安管理行为在六个月内没有被公安机关发现的，不再处罚。

前款规定的期限，从违反治安管理行为发生之日起计算；违反治安管理行为有连续或者继续状态的，从行为终了之日起计算。

第三章 违反治安管理的行为和处罚
第一节 扰乱公共秩序的行为和处罚

第二十三条 有下列行为之一的，处警告或者二百元以下罚款；情节较重的，处五日以上十日以下拘留，可以并处五百元以下罚款：

（一）扰乱机关、团体、企业、事业单位秩序，致使工作、生产、营业、医疗、教学、科研不能正常进行，尚未造成严重损失的；

（二）扰乱车站、港口、码头、机场、商场、公园、展览馆或者其他公共场所秩序的；

（三）扰乱公共汽车、电车、火车、船舶、航空器或者其他公共交通工具上的秩序的；

（四）非法拦截或者强登、扒乘机动车、船舶、航空器以及其他交通工具，影响交通工具正常行驶的；

（五）破坏依法进行的选举秩序的。

聚众实施前款行为的，对首要分子处十日以上十五日以下拘留，可以并处一千元以下罚款。

第二十四条 有下列行为之一，扰乱文化、体育等大型群众性活动秩序的，处警告或者二百元以下罚款；情节严重的，处五日以上十日以下拘留，可以并处五百元以下罚款：

（一）强行进入场内的；

（二）违反规定，在场内燃放烟花爆竹或者其他物品的；

（三）展示侮辱性标语、条幅等物品的；

（四）围攻裁判员、运动员或者其他工作人员的；

（五）向场内投掷杂物，不听制止的；

（六）扰乱大型群众性活动秩序的其他行为。

因扰乱体育比赛秩序被处以拘留处罚的，可以同时责令其十二个月内不得进入体育场馆观看同类比赛；违反规定进入体育场馆的，强行带离现场。

第二十五条 有下列行为之一的，处五日以上十日以下拘留，可以并处五百元以下罚款；情节较轻的，处五日以下拘留或者五百元以下罚款：

（一）散布谣言，谎报险情、疫情、警情或者以其他方法故意扰乱公共秩序的；

（二）投放虚假的爆炸性、毒害性、放射性、腐蚀性物质或者传染病病原体等危险物质扰乱公共秩序的；

（三）扬言实施放火、爆炸、投放危险物质扰乱公共秩序的。

第二十六条 有下列行为之一的，处五日以上十日以下拘留，可以并处五百元以下罚款；情节较重的，处十日以上十五日以下拘留，可以并处一千元以下罚款：

（一）结伙斗殴的；

（二）追逐、拦截他人的；

（三）强拿硬要或者任意损毁、占用公私财物的；

（四）其他寻衅滋事行为。

第二十七条 有下列行为之一的，处十日以上十五日以下拘留，可以并处一千元以下罚款；情节较轻的，处五日以上十日以下拘留，可以并处五百元以下罚款：

（一）组织、教唆、胁迫、诱骗、煽动他人从事邪教、会道门活动或者利用邪教、会道门、迷信活动，扰乱社会秩序、损害他人身体健康的；

（二）冒用宗教、气功名义进行扰乱社会秩序、损害他人身体健康活动的。

第二十八条 违反国家规定，故意干扰无线电业务正常进行的，或者对正常运行的无线电台（站）产生有害干扰，经有关主管部门指出后，拒不采取有效措施消除的，处五日以上十日以下拘留；情节严重的，处十日以上十五日以下拘留。

第二十九条 有下列行为之一的，处五日以下拘留；情节较重的，处五日以上十日以下拘留：

（一）违反国家规定，侵入计算机信息系统，造成危害的；

（二）违反国家规定，对计算机信息系统功能进行删除、修改、增加、干扰，造成计算机信息系统不能正常运行的；

（三）违反国家规定，对计算机信息系统中存储、处理、传输的数据和应用程序进行删除、修改、增加的；

（四）故意制作、传播计算机病毒等破坏性程序，影响计算机信息系统正常运行的。

第二节 妨害公共安全的行为和处罚

第三十条 违反国家规定，制造、买卖、储存、运输、邮寄、携带、使用、提供、处置爆炸性、毒害性、放射性、腐蚀性物质或者传染病病原体等危险物质的，处十日以上十五日以下拘留；情节较轻的，处五日以上十日以下拘留。

第三十一条 爆炸性、毒害性、放射性、腐蚀性物质或者传染病病原体等危险物质被盗、被抢或者丢失，未按规定报告的，处五日以下拘留；故意隐瞒不报的，处五日以上十日以下拘留。

第三十二条 非法携带枪支、弹药或者弩、匕首等国家规定的管制器具的，处五日以下拘留，可以并处五百元以下罚款；情节较轻的，处警告或者二百元以下罚款。

非法携带枪支、弹药或者弩、匕首等国家规定的管制器具进入公共场所或者公共交通工具的,处五日以上十日以下拘留,可以并处五百元以下罚款。

第三十三条　有下列行为之一的,处十日以上十五日以下拘留:

(一) 盗窃、损毁油气管道设施、电力电信设施、广播电视设施、水利防汛工程设施或者水文监测、测量、气象测报、环境监测、地质监测、地震监测等公共设施的;

(二) 移动、损毁国家边境的界碑、界桩以及其他边境标志、边境设施或者领土、领海标志设施的;

(三) 非法进行影响国(边)界线走向的活动或者修建有碍国(边)境管理的设施的。

第三十四条　盗窃、损坏、擅自移动使用中的航空设施,或者强行进入航空器驾驶舱的,处十日以上十五日以下拘留。

在使用中的航空器上使用可能影响导航系统正常功能的器具、工具,不听劝阻的,处五日以下拘留或者五百元以下罚款。

第三十五条　有下列行为之一的,处五日以上十日以下拘留,可以并处五百元以下罚款;情节较轻的,处五日以下拘留或者五百元以下罚款:

(一) 盗窃、损毁或者擅自移动铁路设施、设备、机车车辆配件或者安全标志的;

(二) 在铁路线路上放置障碍物,或者故意向列车投掷物品的;

(三) 在铁路线路、桥梁、涵洞处挖掘坑穴、采石取沙的;

(四) 在铁路线路上私设道口或者平交过道的。

第三十六条　擅自进入铁路防护网或者火车来临时在铁路线路上行走坐卧、抢越铁路,影响行车安全的,处警告或者二百元以下罚款。

第三十七条　有下列行为之一的,处五日以下拘留或者五百元以下罚款;情节严重的,处五日以上十日以下拘留,可以并处五百元以下罚款:

(一) 未经批准,安装、使用电网的,或者安装、使用电网不符合安全规定的;

(二) 在车辆、行人通行的地方施工,对沟井坎穴不设覆盖物、防围和警示标志的,或者故意损毁、移动覆盖物、防围和警示标志的;

(三) 盗窃、损毁路面井盖、照明等公共设施的。

第三十八条　举办文化、体育等大型群众性活动,违反有关规定,有发生安全事故危险的,责令停止活动,立即疏散;对组织者处五日以上十日以下拘留,并处二百元以上五百元以下罚款;情节较轻的,处五日以下拘留或者五百元以下罚款。

第三十九条　旅馆、饭店、影剧院、娱乐场、运动场、展览馆或者其他供社会公众活动的场所的经营管理人员,违反安全规定,致使该场所有发生安全事故危险,经公安机关责令改正,拒不改正的,处五日以下拘留。

第三节　侵犯人身权利、财产权利的行为和处罚

第四十条　有下列行为之一的,处十日以上十五日以下拘留,并处五百元以上一千元以下罚款;情节较轻的,处五日以上十日以下拘留,并处二百元以上五百元以下罚款:

(一) 组织、胁迫、诱骗不满十六周岁的人或者残疾人进行恐怖、残忍表演的;

(二) 以暴力、威胁或者其他手段强迫他人劳动的;

（三）非法限制他人人身自由、非法侵入他人住宅或者非法搜查他人身体的。

第四十一条 胁迫、诱骗或者利用他人乞讨的，处十日以上十五日以下拘留，可以并处一千元以下罚款。

反复纠缠、强行讨要或者以其他滋扰他人的方式乞讨的，处五日以下拘留或者警告。

第四十二条 有下列行为之一的，处五日以下拘留或者五百元以下罚款；情节较重的，处五日以上十日以下拘留，可以并处五百元以下罚款：

（一）写恐吓信或者以其他方法威胁他人人身安全的；

（二）公然侮辱他人或者捏造事实诽谤他人的；

（三）捏造事实诬告陷害他人，企图使他人受到刑事追究或者受到治安管理处罚的；

（四）对证人及其近亲属进行威胁、侮辱、殴打或者打击报复的；

（五）多次发送淫秽、侮辱、恐吓或者其他信息，干扰他人正常生活的；

（六）偷窥、偷拍、窃听、散布他人隐私的。

第四十三条 殴打他人的，或者故意伤害他人身体的，处五日以上十日以下拘留，并处二百元以上五百元以下罚款；情节较轻的，处五日以下拘留或者五百元以下罚款。

有下列情形之一的，处十日以上十五日以下拘留，并处五百元以上一千元以下罚款：

（一）结伙殴打、伤害他人的；

（二）殴打、伤害残疾人、孕妇、不满十四周岁的人或者六十周岁以上的人的；

（三）多次殴打、伤害他人或者一次殴打、伤害多人的。

第四十四条 猥亵他人的，或者在公共场所故意裸露身体，情节恶劣的，处五日以上十日以下拘留；猥亵智力残疾人、精神病人、不满十四周岁的人或者有其他严重情节的，处十日以上十五日以下拘留。

第四十五条 有下列行为之一的，处五日以下拘留或者警告：

（一）虐待家庭成员，被虐待人要求处理的；

（二）遗弃没有独立生活能力的被扶养人的。

第四十六条 强买强卖商品，强迫他人提供服务或者强迫他人接受服务的，处五日以上十日以下拘留，并处二百元以上五百元以下罚款；情节较轻的，处五日以下拘留或者五百元以下罚款。

第四十七条 煽动民族仇恨、民族歧视，或者在出版物、计算机信息网络中刊载民族歧视、侮辱内容的，处十日以上十五日以下拘留，可以并处一千元以下罚款。

第四十八条 冒领、隐匿、毁弃、私自开拆或者非法检查他人邮件的，处五日以下拘留或者五百元以下罚款。

第四十九条 盗窃、诈骗、哄抢、抢夺、敲诈勒索或者故意损毁公私财物的，处五日以上十日以下拘留，可以并处五百元以下罚款；情节较重的，处十日以上十五日以下拘留，可以并处一千元以下罚款。

第四节 妨害社会管理的行为和处罚

第五十条 有下列行为之一的，处警告或者二百元以下罚款；情节严重的，处五日以上十日以下拘留，可以并处五百元以下罚款：

（一）拒不执行人民政府在紧急状态情况下依法发布的决定、命令的；

（二）阻碍国家机关工作人员依法执行职务的；

（三）阻碍执行紧急任务的消防车、救护车、工程抢险车、警车等车辆通行的；

（四）强行冲闯公安机关设置的警戒带、警戒区的。

阻碍人民警察依法执行职务的，从重处罚。

第五十一条　冒充国家机关工作人员或者以其他虚假身份招摇撞骗的，处五日以上十日以下拘留，可以并处五百元以下罚款；情节较轻的，处五日以下拘留或者五百元以下罚款。

冒充军警人员招摇撞骗的，从重处罚。

第五十二条　有下列行为之一的，处十日以上十五日以下拘留，可以并处一千元以下罚款；情节较轻的，处五日以上十日以下拘留，可以并处五百元以下罚款：

（一）伪造、变造或者买卖国家机关、人民团体、企业、事业单位或者其他组织的公文、证件、证明文件、印章的；

（二）买卖或者使用伪造、变造的国家机关、人民团体、企业、事业单位或者其他组织的公文、证件、证明文件的；

（三）伪造、变造、倒卖车票、船票、航空客票、文艺演出票、体育比赛入场券或者其他有价票证、凭证的；

（四）伪造、变造船舶户牌，买卖或者使用伪造、变造的船舶户牌，或者涂改船舶发动机号码的。

第五十三条　船舶擅自进入、停靠国家禁止、限制进入的水域或者岛屿的，对船舶负责人及有关责任人员处五百元以上一千元以下罚款；情节严重的，处五日以下拘留，并处五百元以上一千元以下罚款。

第五十四条　有下列行为之一的，处十日以上十五日以下拘留，并处五百元以上一千元以下罚款；情节较轻的，处五日以下拘留或者五百元以下罚款：

（一）违反国家规定，未经注册登记，以社会团体名义进行活动，被取缔后，仍进行活动的；

（二）被依法撤销登记的社会团体，仍以社会团体名义进行活动的；

（三）未经许可，擅自经营按照国家规定需要由公安机关许可的行业的。

有前款第三项行为的，予以取缔。

取得公安机关许可的经营者，违反国家有关管理规定，情节严重的，公安机关可以吊销许可证。

第五十五条　煽动、策划非法集会、游行、示威，不听劝阻的，处十日以上十五日以下拘留。

第五十六条　旅馆业的工作人员对住宿的旅客不按规定登记姓名、身份证件种类和号码的，或者明知住宿的旅客将危险物质带入旅馆，不予制止的，处二百元以上五百元以下罚款。

旅馆业的工作人员明知住宿的旅客是犯罪嫌疑人员或者被公安机关通缉的人员，不向公安机关报告的，处二百元以上五百元以下罚款；情节严重的，处五日以下拘留，可以并处五百元以下罚款。

第五十七条 房屋出租人将房屋出租给无身份证件的人居住的，或者不按规定登记承租人姓名、身份证件种类和号码的，处二百元以上五百元以下罚款。

房屋出租人明知承租人利用出租房屋进行犯罪活动，不向公安机关报告的，处二百元以上五百元以下罚款；情节严重的，处五日以下拘留，可以并处五百元以下罚款。

第五十八条 违反关于社会生活噪声污染防治的法律规定，制造噪声干扰他人正常生活的，处警告；警告后不改正的，处二百元以上五百元以下罚款。

第五十九条 有下列行为之一的，处五百元以上一千元以下罚款；情节严重的，处五日以上十日以下拘留，并处五百元以上一千元以下罚款：

（一）典当业工作人员承接典当的物品，不查验有关证明、不履行登记手续，或者明知是违法犯罪嫌疑人、赃物，不向公安机关报告的；

（二）违反国家规定，收购铁路、油田、供电、电信、矿山、水利、测量和城市公用设施等废旧专用器材的；

（三）收购公安机关通报寻查的赃物或者有赃物嫌疑的物品的；

（四）收购国家禁止收购的其他物品的。

第六十条 有下列行为之一的，处五日以上十日以下拘留，并处二百元以上五百元以下罚款：

（一）隐藏、转移、变卖或者损毁行政执法机关依法扣押、查封、冻结的财物的；

（二）伪造、隐匿、毁灭证据或者提供虚假证言、谎报案情，影响行政执法机关依法办案的；

（三）明知是赃物而窝藏、转移或者代为销售的；

（四）被依法执行管制、剥夺政治权利或者在缓刑、暂予监外执行中的罪犯或者被依法采取刑事强制措施的人，有违反法律、行政法规或者国务院有关部门的监督管理规定的行为。

第六十一条 协助组织或者运送他人偷越国（边）境的，处十日以上十五日以下拘留，并处一千元以上五千元以下罚款。

第六十二条 为偷越国（边）境人员提供条件的，处五日以上十日以下拘留，并处五百元以上二千元以下罚款。

偷越国（边）境的，处五日以下拘留或者五百元以下罚款。

第六十三条 有下列行为之一的，处警告或者二百元以下罚款；情节较重的，处五日以上十日以下拘留，并处二百元以上五百元以下罚款：

（一）刻划、涂污或者以其他方式故意损坏国家保护的文物、名胜古迹的；

（二）违反国家规定，在文物保护单位附近进行爆破、挖掘等活动，危及文物安全的。

第六十四条　有下列行为之一的，处五百元以上一千元以下罚款；情节严重的，处十日以上十五日以下拘留，并处五百元以上一千元以下罚款：

（一）偷开他人机动车的；

（二）未取得驾驶证驾驶或者偷开他人航空器、机动船舶的。

第六十五条　有下列行为之一的，处五日以上十日以下拘留；情节严重的，处十日以上十五日以下拘留，可以并处一千元以下罚款：

（一）故意破坏、污损他人坟墓或者毁坏、丢弃他人尸骨、骨灰的；

（二）在公共场所停放尸体或者因停放尸体影响他人正常生活、工作秩序，不听劝阻的。

第六十六条　卖淫、嫖娼的，处十日以上十五日以下拘留，可以并处五千元以下罚款；情节较轻的，处五日以下拘留或者五百元以下罚款。

在公共场所拉客招嫖的，处五日以下拘留或者五百元以下罚款。

第六十七条　引诱、容留、介绍他人卖淫的，处十日以上十五日以下拘留，可以并处五千元以下罚款；情节较轻的，处五日以下拘留或者五百元以下罚款。

第六十八条　制作、运输、复制、出售、出租淫秽的书刊、图片、影片、音像制品等淫秽物品或者利用计算机信息网络、电话以及其他通信工具传播淫秽信息的，处十日以上十五日以下拘留，可以并处三千元以下罚款；情节较轻的，处五日以下拘留或者五百元以下罚款。

第六十九条　有下列行为之一的，处十日以上十五日以下拘留，并处五百元以上一千元以下罚款：

（一）组织播放淫秽音像的；

（二）组织或者进行淫秽表演的；

（三）参与聚众淫乱活动的。

明知他人从事前款活动，为其提供条件的，依照前款的规定处罚。

第七十条　以营利为目的，为赌博提供条件的，或者参与赌博赌资较大的，处五日以下拘留或者五百元以下罚款；情节严重的，处十日以上十五日以下拘留，并处百元以上三千元以下罚款。

第七十一条　有下列行为之一的，处十日以上十五日以下拘留，可以并处三千元以下罚款；情节较轻的，处五日以下拘留或者五百元以下罚款：

（一）非法种植罂粟不满五百株或者其他少量毒品原植物的；

（二）非法买卖、运输、携带、持有少量未经灭活的罂粟等毒品原植物种子或者幼苗的；

（三）非法运输、买卖、储存、使用少量罂粟壳的。

有前款第一项行为，在成熟前自行铲除的，不予处罚。

第七十二条　有下列行为之一的，处十日以上十五日以下拘留，可以并处二千元以下罚款；情节较轻的，处五日以下拘留或者五百元以下罚款：

（一）非法持有鸦片不满二百克、海洛因或者甲基苯丙胺不满十克或者其他少量毒品的；

（二）向他人提供毒品的；

（三）吸食、注射毒品的；

（四）胁迫、欺骗医务人员开具麻醉药品、精神药品的。

第七十三条 教唆、引诱、欺骗他人吸食、注射毒品的，处十日以上十五日以下拘留，并处五百元以上二千元以下罚款。

第七十四条 旅馆业、饮食服务业、文化娱乐业、出租汽车业等单位的人员，在公安机关查处吸毒、赌博、卖淫、嫖娼活动时，为违法犯罪行为人通风报信的，处十日以上十五日以下拘留。

第七十五条 饲养动物，干扰他人正常生活的，处警告；警告后不改正的，或者放任动物恐吓他人的，处二百元以上五百元以下罚款。

驱使动物伤害他人的，依照本法第四十三条第一款的规定处罚。

第七十六条 有本法第六十七条、第六十八条、第七十条的行为，屡教不改的，可以按照国家规定采取强制性教育措施。

第四章 处罚程序

第一节 调查

第七十七条 公安机关对报案、控告、举报或者违反治安管理行为人主动投案，以及其他行政主管部门、司法机关移送的违反治安管理案件，应当及时受理，并进行登记。

第七十八条 公安机关受理报案、控告、举报、投案后，认为属于违反治安管理行为的，应当立即进行调查；认为不属于违反治安管理行为的，应当告知报案人、控告人、举报人、投案人，并说明理由。

第七十九条 公安机关及其人民警察对治安案件的调查，应当依法进行。严禁刑讯逼供或者采用威胁、引诱、欺骗等非法手段收集证据。

以非法手段收集的证据不得作为处罚的根据。

第八十条 公安机关及其人民警察在办理治安案件时，对涉及的国家秘密、商业秘密或者个人隐私，应当予以保密。

第八十一条 人民警察在办理治安案件过程中，遇有下列情形之一的，应当回避；违反治安管理行为人、被侵害人或者其法定代理人也有权要求他们回避：

（一）是本案当事人或者当事人的近亲属的；

（二）本人或者其近亲属与本案有利害关系的；

（三）与本案当事人有其他关系，可能影响案件公正处理的。

人民警察的回避，由其所属的公安机关决定；公安机关负责人的回避，由上一级公安机关决定。

第八十二条 需要传唤违反治安管理行为人接受调查的，经公安机关办案部门负责人批准，使用传唤证传唤。对现场发现的违反治安管理行为人，人民警察经出示工作证件，可以口头传唤，但应当在询问笔录中注明。

公安机关应当将传唤的原因和依据告知被传唤人。对无正当理由不接受传唤或者逃避传唤的人，可以强制传唤。

第八十三条 对违反治安管理行为人，公安机关传唤后应当及时询问查证，询问查证的时间不得超过八小时；情况复杂，依照本法规定可能适用行政拘留处罚的，询问查证的时间不得超过二十四小时。

公安机关应当及时将传唤的原因和处所通知被传唤人家属。

第八十四条 询问笔录应当交被询问人核对；对没有阅读能力的，应当向其宣读。记载有遗漏或者差错的，被询问人可以提出补充或者更正。被询问人确认笔录无误后，应当签名或者盖章，询问的人民警察也应当在笔录上签名。

被询问人要求就被询问事项自行提供书面材料的，应当准许；必要时，人民警察也可以要求被询问人自行书写。

询问不满十六周岁的违反治安管理行为人，应当通知其父母或者其他监护人到场。

第八十五条 人民警察询问被侵害人或者其他证人，可以到其所在单位或者住处进行；必要时，也可以通知其到公安机关提供证言。

人民警察在公安机关以外询问被侵害人或者其他证人，应当出示工作证件。

询问被侵害人或者其他证人，同时适用本法第八十四条的规定。

第八十六条 询问聋哑的违反治安管理行为人、被侵害人或者其他证人，应当有通晓手语的人提供帮助，并在笔录上注明。

询问不通晓当地通用的语言文字的违反治安管理行为人、被侵害人或者其他证人，应当配备翻译人员，并在笔录上注明。

第八十七条 公安机关对与违反治安管理行为有关的场所、物品、人身可以进行检查。检查时，人民警察不得少于二人，并应当出示工作证件和县级以上人民政府公安机关开具的检查证明文件。对确有必要立即进行检查的，人民警察经出示工作证件，可以当场检查，但检查公民住所应当出示县级以上人民政府公安机关开具的检查证明文件。

检查妇女的身体，应当由女性工作人员进行。

第八十八条 检查的情况应当制作检查笔录，由检查人、被检查人和见证人签名或者盖章；被检查人拒绝签名的，人民警察应当在笔录上注明。

第八十九条 公安机关办理治安案件，对与案件有关的需要作为证据的物品，可以扣押；对被侵害人或者善意第三人合法占有的财产，不得扣押，应当予以登记。对与案件无关的物品，不得扣押。

对扣押的物品，应当会同在场见证人和被扣押物品持有人查点清楚，当场开列清单一式二份，由调查人员、见证人和持有人签名或者盖章，一份交给持有人，另一份附卷备查。

对扣押的物品，应当妥善保管，不得挪作他用；对不宜长期保存的物品，按照有关规定处理。经查明与案件无关的，应当及时退还；经核实属于他人合法财产的，应当登记后立即退还；满六个月无人对该财产主张权利或者无法查清权利人的，应当公开拍卖或者按照国家有关规定处理，所得款项上缴国库。

第九十条　为了查明案情，需要解决案件中有争议的专门性问题的，应当指派或者聘请具有专门知识的人员进行鉴定；鉴定人鉴定后，应当写出鉴定意见，并且签名。

第二节　决定

第九十一条　治安管理处罚由县级以上人民政府公安机关决定；其中警告、五百元以下的罚款可以由公安派出所决定。

第九十二条　对决定给予行政拘留处罚的人，在处罚前已经采取强制措施限制人身自由的时间，应当折抵。限制人身自由一日，折抵行政拘留一日。

第九十三条　公安机关查处治安案件，对没有本人陈述，但其他证据能够证明案件事实的，可以作出治安管理处罚决定。但是，只有本人陈述，没有其他证据证明的，不能作出治安管理处罚决定。

第九十四条　公安机关作出治安管理处罚决定前，应当告知违反治安管理行为人作出治安管理处罚的事实、理由及依据，并告知违反治安管理行为人依法享有的权利。

违反治安管理行为人有权陈述和申辩。公安机关必须充分听取违反治安管理行为人的意见，对违反治安管理行为人提出的事实、理由和证据，应当进行复核；违反治安管理行为人提出的事实、理由或者证据成立的，公安机关应当采纳。

公安机关不得因违反治安管理行为人的陈述、申辩而加重处罚。

第九十五条　治安案件调查结束后，公安机关应当根据不同情况，分别作出以下处理：

（一）确有依法应当给予治安管理处罚的违法行为的，根据情节轻重及具体情况，作出处罚决定；

（二）依法不予处罚的，或者违法事实不能成立的，作出不予处罚决定；

（三）违法行为已涉嫌犯罪的，移送主管机关依法追究刑事责任；

（四）发现违反治安管理行为人有其他违法行为的，在对违反治安管理行为作出处罚决定的同时，通知有关行政主管部门处理。

第九十六条　公安机关作出治安管理处罚决定的，应当制作治安管理处罚决定书。决定书应当载明下列内容：

（一）被处罚人的姓名、性别、年龄、身份证件的名称和号码、住址；

（二）违法事实和证据；

（三）处罚的种类和依据；

（四）处罚的执行方式和期限；

（五）对处罚决定不服，申请行政复议、提起行政诉讼的途径和期限；

（六）作出处罚决定的公安机关的名称和作出决定的日期。

决定书应当由作出处罚决定的公安机关加盖印章。

第九十七条　公安机关应当向被处罚人宣告治安管理处罚决定书，并当场交付被处罚人；无法当场向被处罚人宣告的，应当在二日内送达被处罚人。决定给予行政拘留处罚的，应当及时通知被处罚人的家属。

有被侵害人的，公安机关应当将决定书副本抄送被侵害人。

第九十八条　公安机关作出吊销许可证以及处二千元以上罚款的治安管理处罚决定前，应当告知违反治安管理行为人有权要求举行听证；违反治安管理行为人要求听证的，公安机关应当及时依法举行听证。

第九十九条　公安机关办理治安案件的期限，自受理之日起不得超过三十日；案情重大、复杂的，经上一级公安机关批准，可以延长三十日。

为了查明案情进行鉴定的期间，不计入办理治安案件的期限。

第一百条　违反治安管理行为事实清楚，证据确凿，处警告或者二百元以下罚款的，可以当场作出治安管理处罚决定。

第一百零一条　当场作出治安管理处罚决定的，人民警察应当向违反治安管理行为人出示工作证件，并填写处罚决定书。处罚决定书应当当场交付被处罚人；有被侵害人的，并将决定书副本抄送被侵害人。

前款规定的处罚决定书，应当载明被处罚人的姓名、违法行为、处罚依据、罚款数额、时间、地点以及公安机关名称，并由经办的人民警察签名或者盖章。

当场作出治安管理处罚决定的，经办的人民警察应当在二十四小时内报所属公安机关备案。

第一百零二条　被处罚人对治安管理处罚决定不服的，可以依法申请行政复议或者提起行政诉讼。

第三节　执行

第一百零三条　对被决定给予行政拘留处罚的人，由作出决定的公安机关送达拘留所执行。

第一百零四条　受到罚款处罚的人应当自收到处罚决定书之日起十五日内，到指定的银行缴纳罚款。但是，有下列情形之一的，人民警察可以当场收缴罚款：

（一）被处五十元以下罚款，被处罚人对罚款无异议的；

（二）在边远、水上、交通不便地区，公安机关及其人民警察依照本法的规定作出罚款决定后，被处罚人向指定的银行缴纳罚款确有困难，经被处罚人提出的；

（三）被处罚人在当地没有固定住所，不当场收缴事后难以执行的。

第一百零五条　人民警察当场收缴的罚款，应当自收缴罚款之日起二日内，交至所属的公安机关；在水上、旅客列车上当场收缴的罚款，应当自抵岸或者到站之日起二日内，交至所属的公安机关；公安机关应当自收到罚款之日起二日内将罚款缴付指定的银行。

第一百零六条　人民警察当场收缴罚款的，应当向被处罚人出具省、自治区、直辖市人民政府财政部门统一制发的罚款收据；不出具统一制发的罚款收据的，被处罚人有权拒绝缴纳罚款。

第一百零七条　被处罚人不服行政拘留处罚决定，申请行政复议、提起行政诉讼的，可以向公安机关提出暂缓执行行政拘留的申请。公安机关认为暂缓执行行政拘留不致发生社会危险的，由被处罚人或者其近亲属提出符合本法第一百零八条规定条件的担保人，或者按每日行政拘留二百元的标准交纳保证金，行政拘留的处罚决定暂缓执行。

第一百零八条　担保人应当符合下列条件：

（一）与本案无牵连；

（二）享有政治权利，人身自由未受到限制；

（三）在当地有常住户口和固定住所；

（四）有能力履行担保义务。

第一百零九条　担保人应当保证被担保人不逃避行政拘留处罚的执行。

担保人不履行担保义务，致使被担保人逃避行政拘留处罚的执行的，由公安机关对其处三千元以下罚款。

第一百一十条　被决定给予行政拘留处罚的人交纳保证金，暂缓行政拘留后，逃避行政拘留处罚的执行的，保证金予以没收并上缴国库，已经作出的行政拘留决定仍应执行。

第一百一十一条　行政拘留的处罚决定被撤销，或者行政拘留处罚开始执行的，公安机关收取的保证金应当及时退还交纳人。

第五章　执法监督

第一百一十二条　公安机关及其人民警察应当依法、公正、严格、高效办理治安案件，文明执法，不得徇私舞弊。

第一百一十三条　公安机关及其人民警察办理治安案件，禁止对违反治安管理行为人打骂、虐待或者侮辱。

第一百一十四条　公安机关及其人民警察办理治安案件，应当自觉接受社会和公民的监督。

公安机关及其人民警察办理治安案件，不严格执法或者有违法违纪行为的，任何单位和个人都有权向公安机关或者人民检察院、行政监察机关检举、控告；收到检举、控告的机关，应当依据职责及时处理。

第一百一十五条　公安机关依法实施罚款处罚，应当依照有关法律、行政法规的规定，实行罚款决定与罚款收缴分离；收缴的罚款应当全部上缴国库。

第一百一十六条　人民警察办理治安案件，有下列行为之一的，依法给予行政处分；构成犯罪的，依法追究刑事责任：

（一）刑讯逼供、体罚、虐待、侮辱他人的；

（二）超过询问查证的时间限制人身自由的；

（三）不执行罚款决定与罚款收缴分离制度或者不按规定将罚没的财物上缴国库或者依法处理的；

（四）私分、侵占、挪用、故意损毁收缴、扣押的财物的；

（五）违反规定使用或者不及时返还被侵害人财物的；

（六）违反规定不及时退还保证金的；

（七）利用职务上的便利收受他人财物或者谋取其他利益的；

（八）当场收缴罚款不出具罚款收据或者不如实填写罚款数额的；

（九）接到要求制止违反治安管理行为的报警后，不及时出警的；

（十）在查处违反治安管理活动时，为违法犯罪行为人通风报信的；

（十一）有徇私舞弊、滥用职权，不依法履行法定职责的其他情形的。

办理治安案件的公安机关有前款所列行为的，对直接负责的主管人员和其他直接责任人员给予相应的行政处分。

第一百一十七条　公安机关及其人民警察违法行使职权，侵犯公民、法人和其他组织合法权益的，应当赔礼道歉；造成损害的，应当依法承担赔偿责任。

第六章　附　则

第一百一十八条　本法所称以上、以下、以内，包括本数。

第一百一十九条　本法自 2006 年 3 月 1 日起施行。1986 年 9 月 5 日公布、1994 年 5 月 12 日修订公布的《中华人民共和国治安管理处罚条例》同时废止。